Nouveaux programmes
Palier 1 - Année 2

Juntos

A2

Espagnol 2e année

Cahier d'activités

Collection dirigée par
Édouard Clemente
Inspecteur d'Académie,
Inspecteur Pédagogique Régional, Bordeaux

Direction pédagogique
Édouard Clemente et Danièle Urbin-Landreau

Danièle Urbin-Landreau
Professeur agrégé
Lycée Camille Jullian, Bordeaux (33)

Jorge Barbosa
Professeur certifié
Collège Bertran de Born, Périgueux (24)

Manuel Bugallo Martin
Professeur certifié
Collège Bertran de Born, Périgueux (24)

Hélène Courouge
Professeur certifié
Collège Cantelande, Cestas (33)

Robert Louison
Professeur agrégé
Collège J. M. Lonne, Hagetmau (40)
Coordinateur Académique pour les TICE

Sylvie Miermon
Professeur certifié
Collège Notre Dame Jeanne d'Arc, Brive (19)

Nathan

Édition : **Marie Picard**
Illustrations : **Mademoiselle Caroline**
Conception de la maquette et de la couverture : **Killiwatch**
Mise en pages : **Christine Chenot**
Lecture et corrections : **Dulce Gamonal**

 – ISBN : 978-2-09-175514-4

Sommaire

Unidad 1

Vuelta al cole

CD élève

Contenu de ton CD audio-Rom – Unidad 1

N'oublie pas d'utiliser ton CD audio-Rom pour t'entraîner et progresser en espagnol !

CD élève

Partie Audio

- **Piste 2** Septiembre: volver al cole (→ Comprensión oral, manuel p. 12)
- **Piste 3** Febrero: grandes vacaciones en el Perú (→ Comprensión oral, manuel p. 13)
- **Piste 4** ¿Cómo se pronuncia? (→ Comprensión oral, manuel p. 13)
- **Piste 5** ¿Cómo se pronuncia? (→ Expresión oral, manuel p. 19)

CD-ROM

Partie Rom

Exercices autocorrectifs

- **¿Cómo se pronuncia?** La prononciation de « s », « c » (→ manuel p. 13)
- **Lengua 1** Conjugaison des verbes irréguliers au présent de l'indicatif (→ manuel p. 12, 14, 16)
- **Lengua 2** Conjugaison des verbes à diphtongue au présent de l'indicatif (→ manuel p. 15)
- **Lengua 3** L'emploi de *ser* et *estar* (→ manuel p. 15)
- **Lengua 4** Les mots interrogatifs (→ manuel p. 17)
- **Taller de léxico** Los meses del año (→ manuel p. 23)

Dictionnaire visuel → Tema **El colegio** → planche illustrée **En el colegio, En el aula, El ordenador**
→ Tema **Tiempo libre** → planche illustrée **El cine, Los deportes**

Comprensión oral

Mis trucos

Je peux :

→ Regarder attentivement les illustrations, les photos, le titre et les légendes.
→ M'appuyer sur les mots connus pour déduire l'essentiel du document.

1 Ficha de comprensión oral

Septiembre: volver al cole CD élève *piste 2 → manuel p. 12*

Primera escucha

¡Ojo! Après avoir repéré les mots-clés, tu dois pouvoir comprendre l'essentiel.

1 Apunta tres palabras relacionadas con la escuela o el trabajo escolar.

....

2 Di si las palabras siguientes se encuentran en los dos monólogos de las chicas.

	Sí	No		Sí	No		Sí	No
instituto	☐	☐	estudiar	☐	☐	amigos	☐	☐
levantarme	☐	☐	vuelta	☐	☐	playa	☐	☐

Segunda escucha

3 Marca con una cruz las frases que corresponden a lo que has oído.

Con sus amigos (y no solas) las chicas:

☐ **a.** van al cine. ☐ **b.** estudian. ☐ **c.** van a la playa.
☐ **d.** van al coro. ☐ **e.** van a la piscina. ☐ **f.** leen libros.

4 Apunta dos cosas que le gustan a María y dos que le gustan a Claudia.

María : a. .... **b.** ....

Claudia : c. .... **d.** ....

2 Subraya la vocal tónica de las palabras y pronúncialas bien.

la playa – la piscina – las vacaciones – el cole – volver – estudiar – un lugar

3 Cuando veraneo...

a. Di dónde te gusta veranear.

....

b. Cita cuatro cosas que te gusta hacer cuando veraneas.

....

....

4 Ficha de comprensión oral — Febrero: grandes vacaciones en el Perú

CD élève *piste 3 → manuel p. 13*

Primera escucha

¡Ojo! Tu dois comprendre le sujet général à la première écoute.

1 Elige las respuestas correctas. El documento trata de:

☐ **a.** alumnos ☐ **b.** vacaciones en Europa ☐ **c.** clima ☐ **d.** los precios

2 Subraya las palabras que has oído.

contentos – perro – salir – importa – mujer – mayoría – renta – lluvias

Segunda escucha

¡Ojo! Maintenant que tu sais de quoi il est question, tâche de repérer les éléments les plus importants.

3 El chico vive en el Perú. Apunta tres informaciones del documento que lo indican.

....

5 Busca en la grabación las palabras que tienen una "s" o una "c". Escríbelas.

....

....

Comprensión escrita

Mis trucos

Je peux :

➜ Lire le titre : il m'informe sur le contenu du texte.

6 Ficha de comprensión escrita — En septiembre

→ *manuel p. 14*

Elige la respuesta correcta y justifícala con una frase del texto.

a. Damián veranea: ☐ a orillas del mar ☐ en la montaña ☐ en la ciudad

....

b. Damián cuenta sus vacaciones de verano:
☐ el primer día de clase de septiembre.
☐ a finales de septiembre.
☐ el primer día de septiembre.

....

c. Damián: ☐ vive en Villaricos ☐ veranea en Villaricos

....

d. Desde la ventana de su habitación:
☐ se ve la montaña.
☐ se ve y se oye el mar.
☐ se ve la playa y se oye el mar.

e. A Damián le gusta:
☐ nadar y buscar conchas.
☐ navegar en un velero y estar en casa.
☐ buscar conchas y navegar en un velero.

....

7 Completa las frases siguientes con la conveniente traducción de "on":

a. Hoy hace calor ..se va.. (ir) a la playa.

b. En Andalucía ..se baila.. (bailar) flamenco.

c. Cuando mi padre está de vacaciones ..~~se~~ navegamos.. (navegar) en un velero.

d. No ..podemos.. (poder) ver el mar desde mi habitación.

e. Durante las vacaciones ..jugamos.. (jugar) mucho con los vecinos.

f. En España ..se habla.. (hablar) el castellano.

8 Ficha de comprensión escrita — De vuelta a Getafe

→ *manuel p. 15*

1 Apunta cinco palabras que se refieren a lugares (*des lieux*).

....

....

....

2 Elige la respuesta correcta.

La chica prefiere:

☐ **a.** su barrio de Getafe. ☐ **c.** una casa en la playa.

☐ **b.** un chalé en la sierra. ☐ **d.** una tienda de campaña.

3 ¿Verdadero o falso? Justifica tu respuesta.

	V	F
a. A la chica le gusta mucho su barrio.	☐	☐
....		
b. La chica piensa que su barrio es más bonito que la playa.	☐	☐
....		
c. La chica vuelve de vacaciones en agosto.	☐	☐
....		

4 Cita la frase que indica los sentimientos de la chica cuando vuelve.

....

9 Transforma las frases según el modelo:

(yo) Pensar en mi barrio. → Pienso en mi barrio.

a. (tú) Volver a casa. → ....

b. (nosotros) Pensar en los amigos. → ....

c. (yo) Sentir alegría. → ....

d. (vosotros) Volver de la playa. → ....

e. (ellas) Pensar en su barrio. → ....

10 Elige el verbo *ser* o el verbo *estar.*

a. Nosotros .... en nuestro colegio.

b. A vosotros os gusta .... de vacaciones.

c. La chica no .... tonta.

d. Es en el barrio donde .... mi casa.

e. Las playas .... muy bonitas.

11 Ficha de comprensión escrita ¿De dónde eres?

→ *manuel p. 16*

1 Elige la respuesta correcta.

En el diálogo, intervienen:

☐ **a.** una chica y dos chicos ☐ **b.** dos chicas y un chico ☐ **c.** tres chicas

2 Elige las frases correctas.

☐ **a.** Las chicas conocen al chico. ☐ **b.** Las chicas no conocen al chico.

☐ **c.** El chico conoce a las chicas. ☐ **d.** El chico no conoce a las chicas.

☐ **e.** El chico acaba de llegar al pueblo. ☐ **f.** El chico vive en este pueblo.

3 Elige la respuesta correcta.

Los personajes están: ☐ **a.** en Tarragona ☐ **b.** en un pueblo ☐ **c.** en una ciudad

4 Explica la situación del chico.

El chico es ....

5 Elige la respuesta correcta.

Las chicas le hacen preguntas porque:

☐ **a.** quieren conocerlo mejor.
☐ **b.** quieren invitarlo a cenar.
☐ **c.** quieren ir a Tarragona.

12 Contesta personalmente a las tres últimas preguntas del diálogo.

a. ¿De dónde eres? ....

b. ¿Qué te gusta? ....

c. ¿Dónde vives? ....

13 Ficha de comprensión escrita — Tomás en su nuevo colegio

→ *manuel p. 17*

1 Marca con una cruz la respuesta correcta y justifícala con una frase del texto.

a. La escena tiene lugar en: ☐ marzo ☐ septiembre

....

b. Diego vive en: ☐ España ☐ Chile

....

c. En esta época del año en Chile es: ☐ verano ☐ invierno

....

d. Para Tomás es: ☐ Navidad ☐ la vuelta al cole

....

e. Diego y Tomás se comunican: ☐ con SMS ☐ con el MSN

....

2 Busca las preguntas que corresponden a estas frases.

"Me llamo Tomás." → ¿..?
"Vivo en Chile." → ¿..?
"Empezamos el curso en septiembre." → ¿..?
"Es su vecino." → ¿..?
"En mi clase somos 24 alumnos." → ¿..?
"Mi deporte favorito es el fútbol." → ¿..?
"Escribe un MSN." → ¿..?

3 Decides escribir una postal a tu amigo chileno para contarle el primer día de clase en tu nuevo colegio.

¡Hola ....!

.... esta postal para..

Mi nuevo colegio ....

En mi clase .... y mis compañeros

....

Bueno, ahora espero tu respuesta, ¿..?

....

Evita errores

Gustar

Le verbe ***gustar*** peut se construire à la 3e personne du singulier ou à la 3e personne du pluriel selon le mot qui le suit et qui est, en espagnol, le sujet réel: *me gusta el cine, me gustan las películas.*

→ *A Juan le gust**a leer**. A Juan le gust**an los libros**.*

1 Mets le verbe *gustar* au singulier ou au pluriel.

a. Me .... mi colegio.

b. ¿Os .... vuestros nuevos compañeros?

c. Te .... estar con tus nuevos compañeros?

d. Les .... la clase y el colegio.

e. Me .... mucho los estudios.

Ser et *estar*

L'espagnol emploie soit le verbe ***ser*** soit le verbe ***estar*** pour traduire le verbe « être » : ***ser*** s'emploie pour définir, caractériser, donner une idée de permanence alors que le verbe ***estar*** s'emploie pour localiser dans l'espace et dans le temps et exprimer un état passager.

→ *Marta **es una alumna**.*

→ *Marta **está delante de su colegio**.*

2 Emploie *ser* ou *estar*.

a. Este chico .... un nuevo alumno.

b. Mi nuevo colegio .... a doscientos metros de mi casa.

c. Volver al cole .... una nueva aventura.

d. Los meses que prefiero .... julio y agosto porque .... de vacaciones.

e. Los jóvenes que .... en la selva .... alumnos valientes.

Les mots interrogatifs

Qué, dónde, cuándo, cómo, quién, por qué, para qué, cuál prennent un accent lorsqu'ils introduisent une interrogation directe ou indirecte : *¿**dónde** estás? / di **dónde** estás* mais *la ciudad **donde** estás*.

→ *–¿**Cuál** es este barrio?*

*–Es el barrio **donde** he nacido.*

3 Détermine quels sont les mots interrogatifs parmi les mots soulignés et mets l'accent come il se doit.

a. Los alumnos están contentos cuando están en clase. – **b.** ¿Donde vive mi vecino? – **c.** Dime como se llama tu amigo. – **d.** Me ofrece el libro que me gusta. – **e.** Trabajan mucho para que estén orgullosos sus padres.

Le passé composé, un seul auxiliaire: *haber*

Il n'y a qu'un seul auxiliaire en espagnol : ***haber***.

→ J'ai travaillé : ***he** trabajado.* → Je suis revenu : ***he** vuelto.*

4 Mets les verbes au passé composé.

a. El primer día de clase, vosotros .... (contarnos) lo bien que .... (pasarlo).

b. Vosotros .... (volver) a clase para aprender.

c. El joven .... (darse cuenta) de que no conoce a nadie.

d. En mi barrio .... (yo vivir) cosas buenas y .... (divertirme) mucho.

e. Mi familia .... (venir) a España, ... (instalarse) en una casa que .... (encontrar).

Mi balance

Je sais décrire un lieu de vacances et raconter des vacances.

1 Forme des phrases avec les mots : *el pueblecito, la ventana, el mar, las vacaciones, hace calor, la ciudad, la plaza, veranear, a principios de, volver*. Tu peux utiliser plusieurs de ces mots par phrase.

....

....

....

....

Je sais reconnaître les mois et les saisons.

2 Retrouve les mots qui correspondent aux différentes saisons et associe-les aux mois qui conviennent.

el otoño, la primavera, el invierno, el verano

enero, febrero, marzo, abril, mayo, junio, julio, agosto, septiembre, octubre, noviembre, diciembre

....

....

....

....

Je sais parler de mes goûts.

3 En suivant l'exemple, décris tes goûts.

→ *A mí me gustan las vacaciones y también me gusta estar con mis compañeros.*

....

....

Je sais décrire simplement au présent.

4 En t'adressant à tes camarades, décris-les tels qu'ils sont en classe. Utilise le tutoiement collectif avec *vosotros*. Tu peux utiliser les verbes : *escuchar, levantar la mano, estar atento(a)* (attentif, -ive), *aprender, responder, escribir, discutir, divertirse, pasearse, conocer, oír.*

....

....

....

....

Je sais raconter simplement un événement au passé composé.

5 Raconte ta rentrée au collège en employant le passé composé.

....

....

....

....

....

....

....

Unidad 2

Vida cotidiana

CD élève

Contenu de ton CD audio-Rom – Unidad 2

N'oublie pas d'utiliser ton CD audio-Rom pour t'entraîner et progresser en espagnol !

CD élève

Partie audio

- **Piste 6** ¿Pueblo o ciudad?(→ Comprensión oral, manuel p. 28)
- **Piste 7** ¿Cómo se pronuncia?(→ Comprensión oral, manuel p. 28)
- **Piste 8** Programa del día (→ Comprensión oral, manuel p. 29)

CD-ROM

Partie Rom

Exercices autocorrectifs

- **¿Cómo se pronuncia?** distinguer les sons [x] et [r].
- **Lengua 1** L'imparfait de l'indicatif (→ manuel p. 33)
- **Lengua 2** L'apocope de certains adjectifs (→ manuel p. 31)
- **Lengua 3** L'enclise des pronoms personnels (→ manuel p. 36)
- **Lengua 4** L'obligation personnelle (→ manuel p. 30)
- **Taller de léxico** Situarse

Dictionnaire visuel → Tema **Ciudad y comercios** → planche illustrée **La ciudad**

→ Tema **En casa** → planche illustrée **El salón**

→ Tema **Personas** → planche illustrée **La ropa**

Comprensión oral

Mis trucos

Je peux :

→ Regarder attentivement les illustrations, les photos, le titre et les légendes avant d'écouter.
→ M'appuyer sur les mots connus pour déduire l'essentiel du document.

1 Ficha de comprensión oral ¿Pueblo o ciudad?

CD élève *piste 6 → manuel p. 28*

Primera escucha

¡Ojo! Tu dois comprendre le sujet général à la première écoute.

1 Marca con una cruz la(s) respuesta(s) correcta(s).

a. En la ciudad la chica dice que puede:

☐ ir de compras ☐ ir a merendar ☐ ir a la piscina
☐ ir al cine ☐ hacer deporte ☐ ir a la discoteca

b. La chica vive: ☐ en una ciudad ☐ en un pueblo

Segunda escucha

¡Ojo! Maintenant que tu sais de quoi il est question, tâche de repérer les éléments les plus importants.

c. La chica habla de: ☐ sus amigos y sus vecinos ☐ su instituto ☐ su barrio ☐ sus actividades y sus amigos

d. Cuando está en el pueblo, la chica echa de menos: ☐ a sus amigos ☐ a sus abuelos ☐ sus actividades preferidas ☐ a su hermana

2 Di si prefieres vivir en la ciudad o en el pueblo. Justifica tu respuesta.

....

....

....

3 Completa las palabras con las letras "j" o "g".

a. Por e....emplo

b. Tienes que ir bastante le....os.

c. Mi barrio no es uno de los me....ores.

d. Mi cole..io es bastante ....uay.

e. Hay mucha ....ente que está bien.

f. En ....eneral prefiero ....u....ar a los video....ue....os.

4 Ficha de comprensión oral **Programa del día**

CD élève *piste 8 → manuel p. 29*

Primera escucha

1 Marca con una cruz la respuesta correcta.

Los jóvenes que intervienen se llaman:

☐ **a.** Cristina y Mario ☐ **b.** Justina y Mario ☐ **c.** Cristina y Eladio

Segunda escucha

¡Ojo! Maintenant que tu sais de quoi il est question, tâche de repérer les éléments les plus importants.

2 Elige la respuesta correcta.

Hablan de: ☐ **a.** un día de clase ☐ **b.** un día en el campamento ☐ **c.** un día de fiesta

Tercera escucha

3 Ordena cronológicamente.

Por la mañana, las chicas suelen: ..... **a.** asearse ..... **b.** desayunar ..... **c.** hacerse la cama ..... **d.** vestirse ..... **e.** levantarse

4 Tacha (*raye*) los intrusos.

Cuando se levantan las chicas suelen:

a. hacerse la cama **b.** ordenar la habitación **c.** vestirse

d. desayunar **e.** asearse **f.** maquillarse

5 Di lo que sueles hacer cuando te levantas.

....

....

....

Comprensión escrita

Mis trucos

Je peux :

→ M'informer sur le contenu du texte en lisant le titre.

6 Ficha de comprensión escrita — Rutina

→ *manuel p. 30*

Verdadero o falso. Justifica con una frase del texto.

	V	F
a. Para ir al trabajo el narrador coge el tren.	☐	☐
....		
b. El narrador no está bien organizado para ir al trabajo.	☐	☐
....		
c. Ese día, el metro no se para exactamente en el mismo sitio.	☐	☐
....		
d. El narrador no llega tarde a su trabajo.	☐	☐
....		
e. La chica se sienta en el asiento del narrador.	☐	☐
....		
f. El narrador dice que va a tener una buena jornada.	☐	☐
....		

7 Di todo lo que tienes que hacer cuando vuelves del colegio...

....

....

8 ...y lo que debes hacer antes de irte a la cama.

....

....

9 Ficha de comprensión escrita — Los Príncipes también trabajan

→ *manuel p. 31*

1 Marca con una cruz las respuestas correctas.

a. La escena tiene lugar: ☐ un día de fiesta ☐ un día de trabajo ☐ un día de vacaciones

b. Los Príncipes de Asturias viven en: ☐ Asturias ☐ Barcelona ☐ Madrid

c. La hija mayor de los Príncipes se llama: ☐ Josefina ☐ Leonor ☐ Sofía

d. La distancia entre su residencia y su despacho es de: ☐ 1 km ☐ 10 km ☐ 200 m

2 Indica lo que hacen los Príncipes...

A las 7h00, ...

A las 08h10, ...

A las 09h00, ...

3 **¿Verdadero o falso? Justifica con una frase del texto.**

	V	F
a. El Príncipe Felipe vive en el Palacio de la Zarzuela.	☐	☐

....

b. El Príncipe Felipe trabaja en su casa.	☐	☐

....

4 **Cita las frases del texto que describen el ambiente de trabajo.**

....

....

10 Expresa la hora en letras.

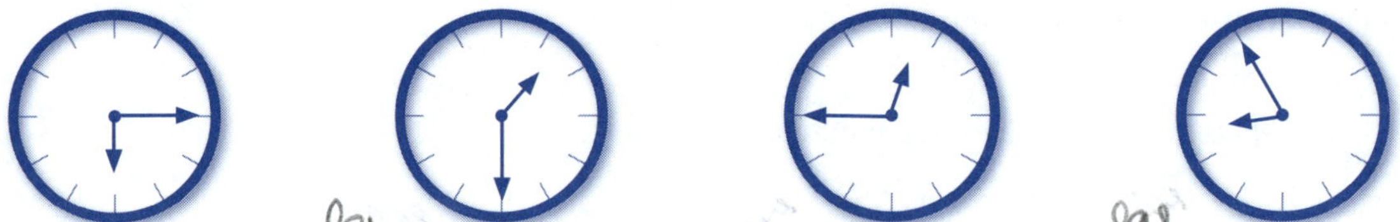

las seis y cuarto .... la una y media .... la una menos cuarto .... las nueve menos cinco

11 Corrige las palabras entre paréntesis.

a. Mi vecino vive en el (tercero) piso. → ....

b. Es un (malo) consejo. → ....

c. Tenemos un (bueno) perro. → ....

d. Es el (primero) metro de la mañana. → ....

e. Es un (grande) palacio. → ....

f. (Cualquiera) español conoce a los Príncipes. → ....

12 Ficha de comprensión escrita **Mi vecino**

→ *manuel p. 32*

¿Verdadero o falso? Justifica con una frase del texto.

	V	F
a. El vecino es delgado.	☐	☐

....

b. El vecino es una persona maleducada.	☐	☐

....

c. El vecino es un hombre sonriente.	☐	☐

....

d. El vecino vive en el decimoquinto piso.	☐	☐

....

e. El vecino dice que se equivoca de piso porque está cansado.	☐	☐

....

f. El vecino está casado.	☐	☐

....

g. El perro no sabe dónde vive. ☐ ☐

....

13 Ordena las frases.

¿Es •	• usted es •	• profesor de música?
Señora, •	• dejen salir •	• mi vecina.
¿Qué tal •	• usted •	• usted?
Señores, •	• está •	• antes de entrar.

14 Ficha de comprensión escrita — Parquesur

→ *manuel p. 33*

1 Elige la respuesta correcta.

La chica iba a Parquesur:

☐ **a.** los domingos por la tarde

☐ **b.** los sábados por la mañana

☐ **c.** los sábados por la tarde

2 Localiza en el texto las expresiones equivalentes para decir:

a. Parquesur era muy grande: ....

b. Había muchas tiendas: ....

c. Estaba lleno de gente: ....

d. Coger el autobús es lo mejor: ....

e. Si no te lo pasas bien puedes ir al cine: ....

f. Éramostodavíaunasniñas:..

3 Conjuga los verbos entre paréntesis en pretérito imperfecto de indicativo.

La narradora (recordar) .... que cuando (ser) más joven (soler) .... ir a Parquesur con sus amigos. Allí (poder) .... hacer muchas cosas: (mirar) .... discos, (comer) .... pollo frito, (probarse) .... ropa, etc. Los sábados por la tarde (haber) .... mucha gente. Los padres de la narradora (quedarse) .... preocupados cuando su hija (ir) .... a Parquesur con sus amigas.

15 Indica con una flecha lo que puedes hacer en cada establecimiento.

comer algo •	• en una sala de juegos recreativos
probarte ropa •	• en una tienda de discos
ver una película •	• en un bar
jugar al flipper •	• en una tienda de ropa
comprarte un CD •	• en un cine

Evita errores

L'imparfait de l'indicatif des verbes comme *estudiar*

Il ne faut pas confondre le présent de l'indicatif d'un verbe en ***-ar*** comme **estudiar** : *él estudia* et l'imparfait de l'indicatif d'un verbe en ***-er*** ou ***-ir*** : *él vivía*. Il faut considérer le radical du verbe et sa terminaison : pour les verbes comme ***estudiar***, différencier le présent de l'indicatif : ***estudia*** et l'imparfait de l'indicatif : ***estudiaba***.

- Présent de l'indicatif : *estudi-**o**, estudi-**as**, estudi-**a**, estudi-**amos**, estudi-**áis**, estudi-**an***.
- Imparfait de l'indicatif: *estudi-**aba**, estudi-**abas**, estudi-**aba**, estudi-**ábamos**, estudi-**abais**, estudi-**aban***.

1 Mets les verbes entre parenthèses à l'imparfait de l'indicatif.

a. Nosotros (tener) muchos amigos.
b. Yo (conocer) muy bien a mi vecino.
c. Mi madre (limpiar) la escalera.
d. Los alumnos (leer) muchos libros.
e. Vosotros (pasarlo) bien pero él (estudiar).

Usted et *ustedes*

Le vouvoiement se fait en espagnol de trois façons différentes :
– pour vouvoyer une personne seule, on emploie la 3e personne du singulier : → *usted se levanta.*
– pour vouvoyer plusieurs personnes que l'on vouvoie individuellement, on emploie la 3e personne du pluriel : → *ustedes se levantan.*
– pour vouvoyer plusieurs personnes que l'on tutoie individuellement, on emploie la 2e personne du pluriel : → *vosotros(as) os levantáis.*

- Attention à avoir la même personne pour tous les éléments de la phrase (possessifs : *su(s) libro(s), vuestro(s) libro(s)* et pronoms : *usted **se** levanta, vosotros(as) **os** levantáis*).

2 Emploie *usted(es)* ou *vosotros(as)* et conjugue le verbe comme il se doit.

a. Señoras, ...Ustedes viven.... (vivir) en mi barrio.
b. Tú y Pedro ....~~vosotros~~ lleváis.... (llevar) una camisa de cuadros y así ....ustedes parecéis.... (parecerse).
c. Señor Mariano ¿....~~usted~~ quiere usted.... (querer) ayuda?
d. Hijos míos, ...~~vosotros~~ debéis.... (deber) estar sentados.
e. Señores, ...ustedes se pasean.... (pasearse) los domingos y (descansar). descansan

L'enclise

L'enclise se fait à l'impératif affirmatif, au gérondif et à l'infinitif. Elle ne se fait pas pour les verbes conjugués sauf exceptions. (*Érase una vez* ...: « il était une fois... »)

3 Ajoute les pronoms aux verbes entre parenthèses et fais l'enclise si nécessaire.

a. Mi perro (levanta) cuando me ve.
b. Si mis amigos cogen el autobús, tienen que (levantar) a las seis.
c. A nosotras (gusta) ir de compras.
d. Ustedes (encuentran) los domingos en el cine.
e. Vosotros (reunís) a las 5 de la tarde.

Mi balance

Je sais dire les heures.

1 Mets en relation les phrases avec les heures.

Pedro desayuna •	• a las 9 de la noche
Pedro va a la escuela •	• a las 7 de la mañana
Pedro se levanta de su cama •	• a las 5 de la tarde
Pedro vuelve a casa •	• a las 8 de la mañana
Pedro cena con sus padres •	• a las 7h 30

Je sais raconter une journée-type.

2 Imite les phrases de l'exercice précédent pour raconter ta journée-type.

....

....

....

....

Je sais décrire un lieu.

3 Décris un lieu (en classe, à la maison) et utilise des prépositions de lieu : *delante de ≠ detrás de* (devant ≠ derrière), *encima de ≠ debajo de* (dessus ≠ dessous), *cerca de = junto a* (près de)

....

....

Je sais exprimer l'obligation.

4 En te servant de *deber* et de *tener que*, donne cinq obligations qui te déplaisent.

....

....

....

....

....

Je sais raconter des souvenirs avec l'imparfait de l'indicatif

5 Raconte ce que tu faisais l'an passé au collège. Tu peux utiliser les expressions suivantes : *tener buenos amigos, ir a clase en autobús, volver a casa con mi vecino, divertirse*

....

....

....

....

....

....

Unidad 3

Relacionarse

Contenu de ton CD audio-Rom – Unidad 3

N'oublie pas d'utiliser ton CD audio-Rom pour t'entraîner et progresser en espagnol !

Partie Audio

- **Piste 9** Navegando por la red (→ Comprensión oral, manuel p. 44)
- **Piste 10** Mi hijo con Internet (→ Comprensión oral, manuel p. 45)
- **Piste 11** ¿Cómo se pronuncia? (→ Comprensión oral, manuel p. 45)
- **Piste 12** ¿Cómo se pronuncia? (→ Expresión oral, manuel p. 51)

CD-ROM Partie Rom

Exercices autocorrectifs

- **¿Cómo se pronuncia?** Distingue « ia » de « ía » (→ manuel p. 51)
- **Lengua 1** Le présent du subjonctif (→ manuel p. 46)
- **Lengua 2** Les possessifs (→ manuel p. 50)
- **Lengua 3** Les indéfinis (→ manuel p. 47)
- **Lengua 4** L'impératif (→ manuel p. 52)
- **Taller de léxico** Tecnologías (→ manuel p. 55)

Dictionnaire visuel → Tema **El colegio** → planches illustrées **El ordenador**

Comprensión oral

Mis trucos

Je peux :

→ Repérer les mots qui se répètent, ils m'aident à trouver le thème de la chanson.
→ Déterminer qui parle pour comprendre ce dont il ou elle parle.

1 Ficha de comprensión oral — Navegando por la red

piste 9 → manuel p. 44

Primera escucha

¡Ojo! Tu dois comprendre le sujet général à la première écoute.

1 Marca con una cruz las palabras que has oído.

☐ teléfono	☐ bolígrafo	☐ chateando
☐ disco duro	☐ buzón	☐ ordenador
☐ red	☐ escribir	☐ habitación
☐ perro	☐ carta	

Segunda escucha

¡Ojo! Tâche maintenant de repérer les éléments les plus importants.

2 ¿Dónde encontró al chico (2 respuestas)?

☐ **a.** En la red	☐ **c.** En la playa	☐ **e.** En el colegio
☐ **b.** En el tren	☐ **d.** En un parque	☐ **f.** En el cine

Tercera escucha

3 ¿Verdad o mentira?

	V	M
a. El chico se enamora primero de la chica.	☐	☐
b. La chica contesta cuando recibe un e-mail.	☐	☐
c. La chica no tiene ordenador en su habitación.	☐	☐
d. El chico no escribe a la chica.	☐	☐
e. A la chica le gusta bailar.	☐	☐
f. El corazón de la chica se acelera.	☐	☐

2 Pon el acento en la "i" si es necesario.

mio	*Maria*	*rabia*	*solitaria*	*anuncia*	*envia*
veia	*habia*	*cambia*	*gustaria*	*negociar*	*viviais*

3 Ficha de comprensión oral **Mi hijo con Internet**

CD élève *piste 10 → manuel p. 45*

Primera escucha

1 ¿Quién está hablando y de quién?

....

2 Selecciona la respuesta correcta. La grabación trata de:

☐ **a.** la televisión	☐ **b.** el cine	☐ **c.** Internet

Segunda escucha

3 Indica si las propuestas siguientes son buenas o malas según la madre:

	buena	mala
a. Estar mucho tiempo conectado.	☐	☐
b. Relacionarse con gente de otros países.	☐	☐
c. No tener contactos directos con la gente.	☐	☐
d. Jugar al baloncesto.	☐	☐
e. Dejar de estudiar.	☐	☐
f. Jugar *online*.	☐	☐

Tercera escucha

4 Apunta tres palabras relacionadas con Internet o el ordenador y tres relacionadas con las actividades sin ordenador.

....

....

Mis trucos

Je peux :

➜ Repérer dans les dialogues les pronoms personnels pour savoir qui s'adresse à qui.
➜ Me concentrer sur les temps pour savoir s'il est fait allusion au présent, au passé ou à l'avenir.

4 Ficha de comprensión escrita — Pero entérate si le gusto

→ *manuel p. 46*

Marca con una cruz la respuesta correcta.

a. Los personajes que dialogan son:
☐ un chico y una chica ☐ dos chicos ☐ dos chicas

b. Esos personajes:
☐ no se conocen ☐ son amigos ☐ son de la misma familia

c. El personaje enamorado es:
☐ Cira ☐ Amador ☐ Cris

d. Amador quiere:
☐ que Cira hable con él ☐ que Cira hable con Cris ☐ que Cris hable con él

5 Contesta a la pregunta.

Un amigo te pide el mismo favor que Amador a Cira, ¿qué le contestas?

....

....

6 Tú eres Cira, ¿qué le contestas a Amador?

....

....

....

....

7 Ficha de comprensión escrita — ¿Tienes amigos?

→ *manuel p. 47*

1 Contesta a la pregunta.

a. ¿Con quién llega Michelle a la isla?

....

b. ¿Por qué no quiere fumar la chica?

....

c. ¿Quién es Philippe?

....

d. ¿Dónde pasa los recreos la chica?

....

2 Di si es verdad o mentira.

	V	M
a. La chica que cuenta la historia es simpática.	☐	☐
b. Michelle fuma.	☐	☐
c. Michelle tiene novio.	☐	☐
d. Philippe va a venir.	☐	☐
e. A la chica le gusta la escuela.	☐	☐

8 Completa el texto con: *alguien – mucho(a-s) – nadie – ninguno – bastante.*

Michelle es simpática y tiene ……………. amigos, pero la narradora no tiene ……………….
Ella no habla con ………….. y se pasa el recreo en el salón. A veces …………….. le ofrece un cigarrillo, pero está ………….. informada para saber que fumar provoca cáncer.

9 Ficha de comprensión escrita **Teléfono apagado** *→ manuel p. 48*

1 Elige la respuesta correcta.

a. La chica llama por teléfono a:

☐ su hermana ☐ su padre ☐ su madre
☐ su tío ☐ su primo ☐ su prima

b. Busca en las páginas amarillas:

☐ un colegio ☐ una calle ☐ una floristería
☐ a su madre ☐ una gasolinera ☐ una panadería

c. Dialoga por teléfono con:

☐ su padre ☐ su primo ☐ un profesor
☐ un vendedor ☐ su madre ☐ un cliente

2 Elige la respuesta correcta y justifícala con una frase del texto.

a. El señor que le contesta a la chica es:

☐ simpático ☐ antipático

……………………………………………………………………………………………………

b. El señor está:

☐ en su casa ☐ trabajando ☐ en el cine

……………………………………………………………………………………………………

c. El señor dice números porque:

☐ juega a las cartas ☐ cuenta sus libros ☐ cuenta euros

……………………………………………………………………………………………………

10 Intentas saber dónde están tus padres porque no contestan al teléfono ¿Qué haces?

……………………………………………………………………………………………………

……………………………………………………………………………………………………

11 Ficha de comprensión escrita — **Una nueva forma de ocio familiar** → *manuel p. 49*

1 Las condiciones para empezar el juego. Di si es verdad o mentira.

	V	M
a. bajar las persianas	☐	☐
b. poner en marcha la videoconsola	☐	☐
c. jugar de noche	☐	☐
d. mirarse a la cara	☐	☐
e. instalarse en la cocina	☐	☐
f. prepararse para jugar	☐	☐

2 Di las informaciones que tenemos acerca del jugador.

a. Nombre: ....

b. Apellido: ....

c. Edad: ....

d. Deporte practicado: ....

3 Di con qué se comparan:

a. El sofá: ....

b. El salón: ....

c. El mando: ....

12 Cuenta cómo y dónde juegas con tu videoconsola si tienes una o con qué videoconsola te gustaría jugar y por qué.

....

....

....

....

13 Indica a qué palabra corresponde cada dibujo : *el teclado – el ratón – la pantalla – la impresora – el altavoz*

....

....

....

....

....

Evita errores

Le présent du subjonctif

Pour connaître le présent du subjonctif d'un verbe, il faut considérer l'infinitif de ce verbe car il existe en espagnol ce que l'on appelle l'alternance vocalique : ***a/e***, ***e/a***, ce qui veut dire que :

- pour un verbe en ***-ar***, le présent du subjonctif est en ***-e*** :
→ *cant**ar**: cant-**e**, cant-**es**, cant-**e**, cant-**emos**, cant-**éis**, cant-**en***
- pour un verbe en ***-er*** ou en ***-ir***, le présent du subjonctif est en ***-a*** :
→ *com**er**: com-**a**, com-**as**, com-**a**, com-**amos**, com-**áis**, com-**an***
→ *viv**ir**: viv-**a**, viv-**as**, viv-**a**, viv-**amos**, viv-**áis**, viv-**an**.*

→ *Vigilo que nadie me **interrumpa**.*

1 Mets les verbes entre parenthèses au présent du subjonctif.

a. Yo quiero que mis padres (aceptar) .... mi opinión.
b. Mi amigo nos habla para que (entender) .... su comportamiento.
c. Es posible que vosotros (escribir) .... una carta.
d. La chica le pide al chico que no (interrumpirla) ....
e. Es importante que ustedes (pensar) .... en su familia.
f. Quiere que nosotros (mandarle) .... un email.
g. Yo prefiero que ella (prometerlo) ....
h. Es normal que tu amiga (preferir) ....estar contigo.

L'impératif

- L'impératif espagnol compte 5 personnes car « vous » est rendu par *usted, vosotros, ustedes*.
- Pour exprimer l'ordre et la défense, il existe deux formes :
  - l'impératif négatif : ce sont les **formes du subjonctif présent précédées de *no***;
  - l'impératif affirmatif ou positif aux formes différentes :

(*tú*) = 3[e] personne du sing. du présent de l'ind. → *canta / come / vive*
(*usted*) = 3[e] personne du sing. du présent du subj. → *cante / coma / viva*
(*nosotros,as*) = 1re personne du pl. du présent du subj. → *cantemos /comamos / vivamos*
(*vosotros,as*) = infinitif : *-r* + *d* → *cantad / comed / vivid*
(*ustedes*) = 3[e] personne du pl. du présent du subj. → *canten, coman, vivan.*

→ *¡**Deja** tu móvil en casa!*
→ *¡**No abuses** del envío de SMS!*

2 Conjugue les verbes entre parenthèses à l'impératif.

a. Señor, ¡(hablar) .... con su hija!
b. María, ¡no (llamar) .... a Pedro y (quedar) .... con él!
c. No somos muy simpáticos, ¡(cambiar) ....!
d. Hijos míos, ¡(venir) .... conmigo y (contarme) .... lo que os pasa!
e. María, ¡no (jugar) .... con tu hermano y no (interrumpir) .... su lectura!
f. (Perdonar) .... Señora, (subir) .... las persianas.
g. Por favor, (prestarme) .... tus cómics.
h. Señores, (volver) .... ustedes más tarde.

Mi balance

Je sais reconnaître des comportements et des situations d'échanges.

1 Mets en relation les phrases de même sens.

Soy solitaria. •	• Lo pasamos bien.
Nos divertimos con los amigos. •	• Hay que mandar mensajes.
Es necesario comunicar. •	• Os citáis.
Quedáis. •	• Me gusta aislarme.

Je sais parler de mon comportement et de mes relations avec mes amis.

2 Continue les phrases pour parler de l'amitié.

a. Soy simpático(a) para que los otros ....

b. Para mí, es importante que mis amigos ....

c. Mis amigos aprecian que yo ....

Je sais exprimer l'obligation impersonnelle.

3 Donne deux autres exemples de ce qu'il faut faire en classe : *Hay que escuchar*.

....

....

Je sais dire l'ordre et la défense.

4 a. Donne trois conseils à ton camarade qui joue avec son téléphone en classe.

....

....

....

b. Interdis 3 choses à ton petit frère.

....

....

....

Je sais utiliser les adjectifs possessifs à toutes les personnes.

5 Utilise les pronoms possessifs qui conviennent.

a. A mí me gusta .... móvil porque puedo hablar con .... amigas.

b. A ti te gusta .... móvil porque puedes hablar con .... amigas.

c. A usted le gusta .... móvil porque puede hablar con .... amigas.

d. A nosotros nos gusta .... móvil porque podemos hablar con .... amigas.

e. A vosotros os gusta .... móvil porque podéis hablar con .... amigas.

f. A ustedes les gusta .... móvil porque pueden hablar con .... amigas.

idad
4

Historias de mi tierra

Contenu de ton CD audio-Rom – Unidad 4

N'oublie pas d'utiliser ton CD audio-Rom pour t'entraîner et progresser en espagnol !

Partie Audio

- **Piste 13** Ska de la tierra (→ Comprensión oral, manuel p. 60)
- **Piste 14** ¿Cómo se pronuncia? (→ Comprensión oral, manuel p. 60)
- **Piste 15** Plantar árboles (→ Comprensión oral, manuel p. 61)
- **Piste 16** ¿Cómo se pronuncia? (→ Expresión oral, manuel p. 66)

CD-ROM **Partie Rom**

Exercices autocorrectifs

- **¿Cómo se pronuncia?** distinguer les sons [r] et [rr] (→ manuel p. 60)
- **Lengua 1** Les diminutifs (→ manuel p. 62)
- **Lengua 2** Le passé simple (→ manuel p. 63)
- **Lengua 3** Les mots négatifs (→ manuel p. 65)
- **Lengua 4** La forme progressive avec *ir* + gérondif (→ manuel p. 68)
- **Taller de léxico** La naturaleza (→ manuel p. 71)

Dictionnaire visuel → Tema **El mundo** → planches illustrées **La tierra, El paisaje, El tiempo**
→ Tema **Animales** → planches illustrées **Las mascotas, Los animales de la granja, Los animales salvajes, Insectos y reptiles**

omprensión oral

Mis trucos

Je peux :
→ M'appuyer sur les mots et expressions connus pour déduire l'essentiel.
→ Faire attention aux passages qui se répètent pour reconstruire le message.

1 Ficha de comprensión oral — Ska de la tierra

piste 13 → manuel p. 60

Primera escucha

¡Ojo! Après avoir écouté deux fois la chanson, tu dois être capable d'en comprendre le sens.

1 Completa:
"La Tierra .... medicina y un .... de ...."

2 Subraya los verbos de la canción que hablan de la Tierra. La Tierra:
sufre – tiembla – tiene miedo – tiene fiebre – llora – se muere – se mueve – se duele

3 Escucha el estribillo y elige el final correcto para los cuatro primeros versos.

a. Y es que no hay respeto por:

☐ el aire sucio ☐ el mar limpio ☐ el aire limpio

b. Y es que no hay respeto por:

☐ los pajarillos ☐ los pececitos ☐ los conejillos

c. Y es que no hay respeto por:

☐ la tierra que labramos ☐ la tierra que amamos ☐ la tierra que pisamos

d. Y es que no hay respeto por:

☐ los niños ☐ los hermanos ☐ los gobiernos

Segunda escucha

4 Completa los cuatro primeros versos del segundo estribillo.

"Y es que no hay respeto y se .... de hambre.
Y es que no hay respeto y se ahoga el ....
Y es que no hay respeto y hoy .... más ....
Y es que no hay respeto y se .... de pena los mares."

2 Apunta las tres cosas que quieres tú para la Tierra completando las frases siguientes.

a. Quiero que ....

b. Deseo que ....

c. Pido que ....

3 Ficha de comprensión oral — Plantar árboles

CD élève *piste 15 → manuel p. 61*

Primera escucha

¡Ojo! À partir des deux écoutes et de la fiche tu dois pouvoir rapporter l'essentiel du reportage.

1 En total quieren plantar .... de árboles.

2 Elige la respuesta correcta y justifica.

Plantan árboles en las tres provincias:

☐ de Andalucía ☐ de Aragón ☐ de Cataluña

....

Segunda escucha

3 Completa lo que dicen los entrevistados.

a. El primero piensa plantar .... árboles.

b. El segundo piensa plantar .... árboles.

4 Escribe dos cosas que quiere la gente para su pueblo.

a. ....

b. ....

Comprensión escrita

Mis trucos

Je peux :

→ M'appuyer sur les mots-clés du texte pour comprendre le sens général.

4 Ficha de comprensión escrita — ¡Escribe pronto!

→ *manuel p. 62*

1 Sitúa Costa Rica y su capital en el mapa página IV de tu libro.

....

2 Clasifica los nombres y adjetivos de la carta en dos columnas.

Lugares	Animales
....	....
....	....
....	....
....	....

3 Apunta todas las expresiones que muestran el entusiasmo de Ariadna.

....

4 Completa:

a. A Nuria le gusta ....

b. A Nuria le gustan ....

c. A Ariadna le encanta ....

d. A Ariadna le encantan ....

5 Los animales y tú.

Escribe el nombre de todos los animales que te encantan.

Me encantan ....

....

Escribe el nombre de todos los animales que no te gustan.

No me gustan ....

....

6 Los diminutivos. Completa las columnas.

pájaro	....	....	solecito
mujer	....	flor	....
....	madrecita	ventana	....

7 Ficha de comprensión escrita — El mal de altura en México D.F.

→ *manuel p. 63*

1 Sitúa México y México D.F. en el mapa página IV de tu libro y explica dónde están.

....

2 Apunta efectos en la salud que describe el texto.

....

....

3 Escribe el verbo del texto que corresponde.

a. La tos → ....

b. La asfixia → ....

c. El ahogo → ....

d. El mareo → ....

4 ¿Verdad o mentira? Elige y justifica con el texto. En México D.F.:

	V	F
a. El aire es limpio.	☐	☐
b. La renovación del oxígeno es normal.	☐	☐
c. Se sufre del mal de altura.	☐	☐
d. Hay mucho humo.	☐	☐
e. El agua es potable.	☐	☐

8 La sopa de letras del pretérito indefinido (*passé simple*).

En esta sopa se esconden seis verbos del texto en pretérito indefinido. Indícalos y luego escribe su infinitivo.

I	G	A	P	E	N	S	O	B	L
E	F	I	R	V	S	A	B	E	L
R	A	Y	E	R	O	N	Y	N	E
O	L	E	O	R	A	O	F	R	V
N	T	H	C	O	N	D	U	I	E
F	A	S	U	S	T	A	R	O	N
U	R	A	P	B	E	B	I	R	S
E	O	L	O	U	O	H	S	A	A
R	N	A	D	R	Y	E	R	T	S
O	L	V	I	D	I	U	T	U	R

.... (..)

.... (..)

.... (..)

.... (..)

.... (..)

9 Ficha de comprensión escrita — El cerro

→ *manuel p. 64*

1 Elige las respuestas correctas.

Paulina es:
- ☐ **a.** el nombre de una vieja.
- ☐ **b.** el nombre de su hija.
- ☐ **c.** el nombre de su hermana.
- ☐ **d.** el nombre de su nieta.

2 Di si las afirmaciones son verdaderas o falsas.

	V	F
a. Los dos protagonistas viven...		
– en el centro de la ciudad.	☐	☐
– en una urbanización tranquila.	☐	☐
– en un barrio al margen de la ciudad.	☐	☐
b. Acaban de instalarse ahí.	☐	☐
c. Fue la abuela quien vivió ahí primero.	☐	☐
d. Al principio fue un barrio elegante.	☐	☐

3 Enumera lo que le faltaba al cerro antes.

....

....

4 Explica lo que era realmente ese cerro y justifica con elementos del texto.

....

....

....

10 Ficha de comprensión escrita — Tellagorri amaba la Naturaleza

→ *manuel p. 65*

1 Completa las frases a partir del texto.

a. Tellagorri era ....

b. Tellagorri era ....

c. Tellagorri conocía ....

d. Tellagorri sabía ....

e. Tellagorri solía ....

f. Tellagorri pescaba ....

g. Tellagorri respetaba ....

h. Tellagorri amaba ....

2 Apunta todas las expresiones relativas a la pesca.

....

....

....

3 Escribe tres nombres de peces del río Ibaya.

....

Evita errores

L'emploi du passé simple

En espagnol, le passé simple est beaucoup plus utilisé qu'en français car il correspond non seulement au passé simple français mais aussi au passé composé français. Lorsqu'en espagnol une action est considérée comme étant terminée, le verbe se met au passé simple :

→ *Esta mañana, te llamé.* (« Ce matin, je t'ai appelé. »)

1 Emploie le passé simple ou le passé composé.

a. Ayer (recibir) .... mi madre una carta de nuestra hermana.
b. (Llegar) .... nosotros en enero cuando hacía frío.
c. Vosotros (comprender) .... hoy día lo que es el mal de altura.
d. Cuando yo estaba en Costa Rica, (visitar) .... a mis amigos.
e. Antes de irse, ella (llamar) .... a sus amigos para despedirse.

Les passés simples irréguliers

- Pour mémoriser les passés simples irréguliers, on peut les classer par familles :
  - ***andar / estar*** → *anduve, anduviste, anduvo, anduvimos, anduvisteis, anduvieron / estuve...*
  - ***poder / poner / saber / tener / haber*** → *pude, pudiste, pudo, pudimos, pudisteis, pudieron / puse... / supe... / tuve... / hube...*
  - ***decir / traer*** → *dije, dijiste, dijo, dijimos, dijisteis, dijeron / traje...*
  - ***querer / venir*** → *quise, quisiste, quiso, quisimos, quisisteis, quisieron / vine...*
- ***Ser*** et ***ir*** ont le même passé simple : *fui, fuiste, fue, fuimos, fuisteis, fueron*. Pour les différencier, il faut considérer ce qui suit le verbe :

  → *Fueron a España.* (La préposition de mouvement *a* accompagne le verbe *ir*.)
  → *Fueron grandes civilizaciones.* (Définition avec le verbe *ser*.)

2 Conjugue les verbes au passé simple.

a. Cuando la abuela lo (saber) ...., (tener) .... miedo.
b. Siempre (haber) .... mucha contaminación en la ciudad.
c. Nosotros les (decir) .... a los dirigentes lo que pensamos.
d. Tú no (querer) .... irte a aquel país y (venir) .... aquí.
e. Este hombre (ser) .... un periodista que se (ir) .... a entrevistar a estos ecologistas.

L'emploi du subjonctif dans les complétives

- L'espagnol emploie beaucoup plus souvent que le français des complétives au subjonctif, dès lors qu'apparaissent plusieurs personnes dans la phrase:

  → *Te digo que escuches.* (« Je te dis d'écouter. »)

- La complétive avec le verbe conjugué permet d'identifier plus clairement le destinataire. Les verbes de demande, de volonté, de conseil, de prière comme ***decir, pedir*** (demander), ***mandar*** (ordonner), ***suplicar, rogar*** (prier), ***aconsejar*** (conseiller) sont généralement suivis d'une complétive au subjonctif.

3 Complète les phrases.

a. La chica le pide a su abuela que .... (contarle su historia).
b. El hombre le pide a la gente que .... (proteger la naturaleza).
c. Señores, les rogamos que .... (contestarnos).
d. El ayuntamiento les aconseja a los habitantes que .... (usar bici).
e. Los niños nos suplican que .... (pensar en su futuro).

Je sais raconter au passé.

1 Raconte ce que tu as vu ou appris lors d'une exposition sur l'environnement ou grâce à un reportage.

....

....

....

....

....

Je sais exprimer une volonté.

2 Dis ce que tu veux que les gens fassent pour ne pas polluer la planète.

....

....

....

....

Je sais demander à quelqu'un de faire quelque chose.

3 Imagine que tu écris à un écologiste pour lui demander de venir parler dans ta classe de la protection de l'environnement.

Señor, le escribo para pedirle que ....

....

....

Para convencerles a todos mis compañeros de la importancia de la protección del medio ambiente, también le pido que ....

....

....

Je sais utiliser les négations.

4 Écris trois phrases indiquant ce qu'il ne faut jamais faire si l'on veut protéger la nature.

....

....

....

Je sais rendre l'évolution d'une action par une forme progressive.

5 En suivant l'exemple, montre l'évolution de ton quartier, de ta ville ou de ta région.

Ejemplo: En mi ciudad, el tráfico va aumentando...

....

....

....

Destinos y carreras

Contenu de ton CD audio-Rom – Unidad 5

CD élève

N'oublie pas d'utiliser ton CD audio-Rom pour t'entraîner et progresser en espagnol !

Partie Audio

- **Piste 17** Mi primer trabajo (→ Comprensión oral, manuel p. 76)
- **Piste 18** Una pasión por el trabajo (→ Comprensión oral, manuel p. 77)
- **Piste 19** ¿Cómo se pronuncia? (→ Comprensión oral, manuel p. 77)
- **Piste 20** ¿Cómo se pronuncia? (→ Expresión oral, manuel p. 83)

Partie Rom

Exercices autocorrectifs

- **¿Cómo se pronuncia? 1** (→ manuel p. 77)
- **¿Cómo se pronuncia? 2** (→ manuel p. 83)
- **Lengua 1** Le futur de l'indicatif (→ manuel p. 76)
- **Lengua 2** L'imparfait du subjonctif (→ manuel p. 81)
- **Lengua 3** *Preguntar* et *pedir* (→ manuel p. 80)
- **Taller de léxico** Oficios (→ manuel p. 88-89)

Dictionnaire visuel → Tema **Personas** → planche illustrée **Los oficios**

Comprensión oral

Mis trucos

Je peux :

→ Avant d'écouter, regarder attentivement les illustrations, les photos, le titre et les légendes.
→ M'appuyer sur les mots connus pour déduire l'idée générale du document.

1 Ficha de comprensión oral **Mi primer trabajo**

CD élève *piste 17 → manuel p. 76*

Primera escucha

¡Ojo! Tu dois comprendre le sujet général à la première écoute.

1 Marca con una cruz la(s) respuesta(s) correcta(s):

a. Se oye la voz:	☐ de un chico	☐ de un hombre	☐ de una mujer
b. Esta persona habla:	☐ en la radio	☐ en un micrófono	☐ por teléfono
c. Llama a:	☐ un amigo	☐ un hombre	☐ un empresario
d. Habla:	☐ de trabajo	☐ de informática	☐ de oportunidades

Segunda escucha

¡Ojo! Maintenant que tu sais de quoi il est question, tâche de comprendre les détails.

2 Di si las frases son correctas.

	V	F
a. El salario es interesante.	☐	☐
....		
b Trabajará 8 horas al día y 5 días a la semana.	☐	☐
....		
c. Será su segundo puesto de trabajo.	☐	☐
....		
d. Si están satisfechos con él, le ascenderán a director.	☐	☐
....		

2 Describe el puesto de trabajo de tu tutor durante tus prácticas.

- sector: ....
- nombre de la empresa: ....
- número de horas al día: ....
- número de días a la semana: ....
- ventajas: ....
- inconvenientes: ....

3 Ficha de comprensión oral — Una pasión por el trabajo

CD élève *piste 18 → manuel p. 77*

Primera escucha

1 Escucha y apunta los elementos que permiten presentar al protagonista.

a. su nombre completo : ....

b. su nacionalidad: ....

c. edad actual : ....

d. oficio: ....

Segunda escucha

¡Ojo! Essaye à présent de retracer son histoire.

2 Ordena cronológicamente su historia.

El protagonista:

.... Fabrica las banderas para la Expo de Sevilla y los Juegos Olímpicos de Barcelona.

.... Recibe una bandera de Uruguay al despedirse.

.... Llega a España con unos pocos ahorros.

.... Se considera el mayor fabricante de banderas de España.

4 Completa las palabras con las letras "ll" o "y".

a. urugua.......o **b.** ha....... **c.** ho....... **d.** ....egar **e.** tra.......ecto **f.** ma.......or **g.** ta.......er

Mis trucos

Je peux :

→ Lire le titre : il m'informe sur le contenu du texte.
→ Observer la photo et lire la légende : elles m'indiquent le thème du texte.

5 Ficha de comprensión escrita — Me iré a Estados Unidos

→ *manuel p. 78*

1 Presenta a la protagonista del texto. Escoge la respuesta correcta.

a. Sonia sueña con:
- ☐ inventar historias
- ☐ escribir guiones
- ☐ rodar películas

b. Sonia tiene:
- ☐ dieciocho años
- ☐ diecinueve años
- ☐ veinte años

c. Sonia quiere estudiar:
- ☐ en España
- ☐ en Estados Unidos

d. Sonia necesita gente:
- ☐ que invente historias para ella
- ☐ que le dé la oportunidad de rodar algo

2 Cita la frase del texto que permite decir que Sonia está muy determinada.

....

6 Di con qué sueñas para tu futuro profesional.

....

....

7 Ficha de comprensión escrita — ¿Qué te gustaría hacer?

→ *manuel p. 79*

1 Di si las siguientes afirmaciones son verdaderas o falsas. Justifica con una frase del texto.

	V	F
a. Lily y Lucy son hermanas.	☐	☐
b. Lily y Lucy están tomando un helado con una amiga.	☐	☐
c. Lily y Lucy están hablando de sus planes de vacaciones.	☐	☐

2 Indica con flechas lo que le gustaría a cada chica.

A Lucy le gustaría •

A Lily le gustaría •

- trabajar en una agencia de turismo.
- ser azafata.
- terminar el colegio.
- viajar gratis.
- trabajar en una tienda de discos.
- conseguir un buen puesto.
- ser artista de cine.
- conocer todos los países.

3 Imagina lo que le hubiera gustado comentar al chico que estaba con Lily.

....

8 Indica lo que te gustaría hacer de mayor y lo que tu oficio te permitiría hacer.

....

....

....

9 Ficha de comprensión escrita — Aprendiz de marinero

→ *manuel p. 80*

¿Verdad o mentira? Justifica con una frase del texto.

	V	M
a. Don Pancho y el Vasco trabajan en el ballenero "la Estrella del Sur".	☐	☐
....		
b. Este trabajo de ballenero es muy difícil y peligroso.	☐	☐
....		
c. El chico quiere trabajar durante las vacaciones de verano.	☐	☐
....		
d. El chico va a cumplir 17 años.	☐	☐
....		
e. El chico no tiene experiencia.	☐	☐
....		
f. El chico es estudiante.	☐	☐
....		
g. El chico sabe pescar.	☐	☐
....		
h. Los marineros van a salir la semana siguiente.	☐	☐
....		

10 Ficha de comprensión escrita — Carta a mi hija Mela

→ *manuel p. 81*

1 Elige la respuesta correcta.

a. ☐ Mela le escribe una carta a su madre.

b. ☐ La madre le escribe una carta a su hija Mela.

2 Verdadero o falso. Corrige cuando la afirmación es falsa.

	V	F
a. A Mela le apasiona la historia.	☐	☐
....		
b. Mela está haciendo un máster en Los Ángeles.	☐	☐
....		
c. Mela quiere trabajar pronto.	☐	☐
....		

3 Completa con 2 deseos de la madre. Cuidado con el tiempo verbal.

La madre quisiera que Mela ....

y que ....

11 Mela le contesta a su madre: imagina la carta que le escribe.

....
....
....
....
....
....
....
....
....
....
....
....
....

12 Escribe a tus abuelos. Les escribes lo que quisieras hacer: tus estudios futuros, tu oficio...

....
....
....
....
....
....

Evita errores

Preguntar et *pedir* : deux verbes pour traduire « demander »

Le verbe ***preguntar*** et le verbe ***pedir*** signifient « demander » mais *preguntar* correspond à une demande-question alors que *pedir* correspond à une demande-ordre.

Pour les reconnaître, il faut considérer ce qu'ils introduisent :

- Le verbe ***preguntar*** est suivi d'un mot introduisant une question indirecte :
  → *Le **pregunta si** conoce a su madre, le **pregunta dónde** está, le **pregunta cuándo** llega...*
- Le verbe ***pedir*** doit être suivi de *que* et d'un verbe au subjonctif :
  → *Le **pide que le indique el** camino...*

Attention à la conjugaison de *pedir* au présent de l'indicatif : *pido, pides, pide, pedimos, pedís, piden.*

1 Complète les phrases avec *preguntar* ou *pedir*.

a. El chico les .... cuánto tiempo trabajará.
b. Su amigo le .... que le escriba desde Nueva York.
c. El marinero te .... si tienes experiencia.
d. El joven le .... que lo lleven con él.

La 3e personne du futur de l'indicatif et de l'imparfait du subjonctif

Il est important, en espagnol, de considérer les accents, notamment en conjugaison : pour les verbes en ***-ar***, la 3e personne du singulier et du pluriel du futur de l'indicatif ne se différencient de celles de l'imparfait du subjonctif que par l'accent écrit.

→ Futur de l'indicatif de *trabajar* : *trabajaré, trabajarás, traba**jará**, trabajaremos, trabajaréis, traba**jarán***
Imparfait du subjonctif : *trabajara, trabajaras, traba**jara**, trabajáramos, trabajarais, traba**jaran**.*

2 Conjugue les verbes au futur ou à l'imparfait du subjonctif suivant le contexte.

a. Después de sus estudios, Pedro .... (viajar) a España.
b. Ingrid le pedía a su hija que .... (buscar) en Internet y .... (meterse) en las páginas de Harvard.
c. Cuando pueda, el chico .... (hablar) de sus proyectos con sus padres.
d. Para triunfar, era necesario que el estudiante .... (aprobar) sus exámenes.

Por et *para*

Pour choisir entre ***por*** et ***para***, il faut d'abord se rappeler que la préposition *por* exprime le plus souvent la cause :

→ ***hace este trabajo por vocación*** (on peut donc remplacer *por* par *porque* + proposition : *hace este trabajo **porque es su vocación**...*) ;

et la préposition ***para*** exprime le but :

→ ***disponibilidad para viajar*** (on peut donc remplacer *para* par *para que* + proposition : *disponibilidad para que viaje...*).

3 Choisis entre *por* et *para*.

a. Hace de torera .... pasión.
b. Trabaja .... ganar dinero.
c. La chica acompañaba a su hermana .... no estar sola.
d. Quiere ir a Estados Unidos .... tener más oportunidades.
e. Nos interesa .... sus capacidades.

Mi balance

Je sais employer le futur pour parler de mes projets d'avenir.

1 Dis quels sont tes projets pour les prochaines vacances. Tu peux ensuite demander à tes camarades ce qu'ils feront. → *Y vosotros, ¿qué haréis? ¿adónde…?*

....

....

....

Je connais des mots appartenant au vocabulaire des métiers.

2 Construis des phrases qui associent le nom d'un métier avec un nom de lieu ou d'activité :
un mecánico, un médico, un profesor, una periodista, un torero, una azafata, un marinero, un arqueólogo, una empresaria // la plaza de toros, un barco, un hospital, una empresa, un taller, unas ruinas, un instituto, un periódico, un avión

....

....

....

....

....

....

Je sais parler du métier que j'aimerais faire en employant le conditionnel.

3 Dis ce que tu aimerais faire comme métier ou activité et décris comment tu l'exercerais.

....

....

....

....

....

Je sais poser des questions au style indirect.

4 Imagine ce que tu demandes pour avoir des renseignements sur des études ou sur une école.
→ *¿Dónde está esta escuela?* → *Pregunto dónde está esta escuela.*

....

....

....

....

Je sais exprimer mes désirs concernant ma vie future.

5 Complète avec des verbes différents 4 phrases qui commencent par *Me gustaría que…* Fais bien la concordance des temps.

Me gustaría que ....

....

....

....

Unidad 6

Gentes por descubrir

Contenu de ton CD audio-Rom – Unidad 6

N'oublie pas d'utiliser ton CD audio-Rom pour t'entraîner et progresser en espagnol !

Partie Audio

- **Piste 21** Rigoberta Menchú, maya y mujer (→ Comprensión oral, manuel p. 92)
- **Piste 22** Lo que debemos a Al-Ándalus (→ Comprensión oral, manuel p. 93)
- **Piste 23** ¿Cómo se pronuncia? (→ Comprensión oral, manuel p. 93)

CD-ROM Partie Rom

Exercices autocorrectifs

- **¿Cómo se pronuncia?** Les diphtongues (→ manuel p. 93)
- **Lengua 1** Le gérondif et la forme progressive (→ manuel p. 94)
- **Lengua 2** *Pero / sino* (→ manuel p. 96)
- **Lengua 3** Les comparatifs (→ manuel p. 100)
- **Lengua 4** Le présent du subjonctif (→ manuel p. 98)
- **Taller de léxico** Ropa tradicional (→ manuel p. 103)

Dictionnaire visuel → Tema **Tiempo libre** → planche illustrée **La música**

Comprensión oral

Mis trucos

Je peux :

→ Regarder attentivement les photos, les titres, les légendes.
→ M'appuyer sur les mots connus pour déduire l'essentiel.

1 Ficha de comprensión oral — Rigoberta Menchú, maya y mujer

piste 21 → manuel p. 92

Primera escucha

¡Ojo! Tu dois comprendre le sujet général à la première écoute.

1 Marca con una cruz la(s) respuesta(s) correcta(s).

a. Rigoberta Menchú es: ☐ blanca ☐ indígena ☐ mestiza
b. Rigoberta Menchú lucha contra: ☐ la discriminación ☐ la igualdad ☐ la miseria
c. Es un mensaje por el Día internacional: ☐ de la mujer ☐ de los indígenas

Segunda escucha

¡Ojo! Maintenant que tu sais de quoi il est question, tâche de repérer les éléments les plus importants.

2 Completa la primera parte de su mensaje con la(s) palabra(s) que falta(n).

a. Rigoberta Menchú sufre discriminación por ser .... y ....

b. "Todavía los .... nos desprecian cuando nos ven ...."

3 Completa la segunda parte de su mensaje con la(s) palabra(s) que falta(n).

a. Muchas mujeres de su comunidad llegan a ser ....,

.... y ....

b. " Somos .... pues tenemos los mismos ...."

4 Concluye señalando con una cruz la respuesta correcta.

Rigoberta Menchú lucha por defender los derechos de:

☐ **a.** todas las mujeres ☐ **b.** las mujeres indígenas ☐ **c.** los ciudadanos

2 Ficha de comprensión oral — Lo que debemos a Al-Ándalus

CD élève *piste 22 → manuel p. 93*

Primera escucha

1 Elige la respuesta correcta. El documento es una entrevista entre:

☐ **a.** una periodista y un andaluz.
☐ **b.** una periodista y una experta en el mundo islámico de Al-Ándalus.
☐ **c.** un andaluz y una experta en el mundo islámico de Al-Ándalus.

2 Di si es verdadero o falso y justifica.

	V	F
a. Al-Ándalus existió durante 711 años.	☐	☐
b. Al-Ándalus existió durante casi 800 años.	☐	☐
c. Al-Ándalus existió durante 1492 años.	☐	☐

....

Segunda escucha

3 Une la frase de la izquierda con las de la derecha.

Al-Ándalus fue el resultado de la mezda de •

- • la tradición
- • la cultura andaluza
- • la cultura oriental
- • la cultura europea
- • la cultura occidental

Tercera escucha

4 ¿En qué aspectos encontramos las huellas de Al-Ándalus? Marca con una cruz las respuestas correctas.

☐ la literatura ☐ la cocina ☐ la arquitectura ☐ la artesanía
☐ la agricultura ☐ el lenguaje ☐ la música ☐ la política
☐ las fiestas populares ☐ la economía ☐ el folclore ☐ la educación
☐ la vida cotidiana

Comprensión escrita

Mis trucos

Je peux :

→ Observer la photo et lire la légende : elles m'indiquent le thème du texte.
→ Lire le titre qui m'informe sur le contenu du document et *¿Lo sabías?* qui me permet de situer le contexte.
→ M'appuyer sur les mots et expressions connus.

3 Ficha de comprensión escrita — Balada gitana

→ *manuel p. 94*

1 Elige la respuesta correcta y justifica.

a. El poema describe a:
☐ una cantante gitana ☐ una bailarina española ☐ una bailaora andaluza

....

b. El narrador es: ☐ el poeta ☐ el guitarrista ☐ un niño gitano

....

c. La escena pasa por: ☐ la tarde ☐ la noche ☐ la mañana

....

2 Apunta las expresiones que describen a la chica.

....

....

3 ¿Verdadero o falso?

	V	F
a. El poeta se enamoró de la chica.	☐	☐
b. El poeta y la chica se fueron juntos.	☐	☐
c. Al final el poeta se fue.	☐	☐
d. Al final el poeta estuvo desesperado.	☐	☐

4 Ficha de comprensión escrita — Un viaje por el Amazonas

→ *manuel p. 95*

1 ¿Verdadero o falso?

	V	F
a. El narrador es un indio bora.	☐	☐
b. El narrador es Clever.	☐	☐
c. El narrador es Javier Reverte.	☐	☐
d. El narrador es un turista americano.	☐	☐

2 Di de quién se trata.

a. Viajan en grupo con una agencia de viajes.

Son ....

b. Tienen la cara pintada y son indígenas.

Son ....

c. Conduce al narrador a una aldea a orillas del río Nanay.

Es ....

d. Cuenta el viaje por el Amazonas.

Es ....

e. Conduce a los turistas a la aldea de los indios boras.

....

3 Completa esta frase a partir del texto.

Los indios boras son .... que viven en una ....
a orillas del río .... en la región .... de ....

4 Completa las frases.

Esos indios no pertenecían a tribus salvajes porque:

a. aceptaban ....

b. vivían ....

c. una india ....

d. un bebé..............................

5 Ficha de comprensión escrita — Contrastes en Bolivia

→ manuel p. 96

1 Este texto es una carta. Léelo una primera vez buscando:

a. El nombre de la chica que escribe la carta: ....

b. El nombre de la chica a la que va dirigida la carta: ....

c. La capital descrita en esta carta: ....

2 Lee de nuevo el primer párrafo y apunta todos los contrastes que notas:

a. En el clima: ....

b. En los edificios: ....

c. En los habitantes: ....

3 Lee el segundo párrafo en el que la chica describe una parte de la población y explica:

a. quiénes son: ....

b. cómo son: ....

4 En el último párrafo, la chica cita dos características de este país. Apúntalas.

....

....

5 Por lo visto, a la chica le sorprendieron dos cosas. Apunta las dos frases exclamativas que utiliza y explica a qué se refieren.

¡..............................!

....

¡..............................!

....

6 **Seguro que en tu colegio también existen contrastes. Cita algunos.**

....

....

....

7 **Escribe dos frases negativas que indican lo que ni siquiera puedes hacer en tu colegio o en tu casa.**

....

....

....

....

8 **Ficha de comprensión escrita** **Balada de los dos abuelos** → *manuel p. 97*

1 El texto se titula *Balada de los dos abuelos* mientras que en la foto vemos el paseo de dos abuelos. Precisa a qué palabras corresponden estas definiciones:

a. Un poema o una canción: ....

b. Un recorrido con una bicicleta: ....

2 El narrador es mestizo. Justifícalo citando el origen de sus antepasados.

Un abuelo era .... mientras que el otro era ....

3 Relaciona cada elemento de la primera estrofa con cada antepasado:

Gorguera en el cuello •	
Tambor de cuero y madera •	• El abuelo negro
Gris armadura guerrera •	• El abuelo blanco
Lanza con punta de hueso •	

4 Haz la lista de todos los colores citados en el poema y di a qué se refieren.

....

....

5 En el poema se evoca también un ruido. Cita este ruido y el verso del poema.

....

....

9 **Imagina que el narrador tuviera un antepasado inca, maya o azteca. Cita los elementos que lo caracterizarían. Te ayudarán las *Palabras para decirlo* de la página 99 y el *Muy Interesante*, D, de la página 105.**

....

....

....

....

Evita errores

Le subjonctif dans les complétives

- En espagnol, les complétives suivies du subjonctif sont souvent employées. Par exemple, les verbes de demande comme ***pedir*** (demander), de conseil comme ***aconsejar*** (conseiller), de prière comme ***rogar*** (prier), d'ordre comme ***mandar***, ***ordenar*** (ordonner) ne sont pas suivis de la préposition « de » comme en français mais de ***que*** + subjonctif.
- Attention à respecter la concordance des temps.
  → *Le **pide que cuide** a su padre.*
  → *Le **pedía que cuidara** a su padre.*

1 Complète les phrases.

a. Los indígenas piden a los turistas .... (darles dinero).

b. Las mujeres mayas les ruegan a todos .... (respetarlas).

c. Te ordeno .... (saber esta canción tradicional).

d. Le mandabas al guía .... (respetar a los indios).

Le gérondif

- Pour les verbes en ***-ar***, le gérondif est en ***-ando***.
- Pour les verbes en ***-er*** et ***-ir***, le gérondif est en ***-iendo***.
  Mais certains gérondifs peuvent subir une modification orthographique :
  – le « i » de ***-iendo*** peut se transformer en « y » lorsqu'il est entre deux voyelles : *leer* → *leyendo*, *construir* → *construyendo ;*
  – des verbes comme ***pedir, seguir, sentir, servir, venir, vestir*** ont des gérondifs en ***pidiendo, siguiendo, sintiendo, sirviendo, viniendo, vistiendo*** ;
  – des verbes comme ***poder, morir*** ont des gérondifs en ***pudiendo, muriendo***.
  → *Está **leyendo** la historia de la Reconquista.*
  → *Los turistas estaban **siguiendo** al guía.*

2 Mets les verbes entre parenthèses au gérondif.

a. Los indios estaban .... (tejer) y .... (vender) artesanías.

b. .... (Construir) un poema, el poeta va .... (seguir) su idea.

c. Las músicas siguen .... (evolucionar) y .... (desarrollarse).

d. Los jóvenes estaban .... (leer) libros de caballería.

Les pronoms personnels compléments sans préposition : *lo/los, le/les*

- Les pronoms ***lo/los*** sont des pronoms personnels C.O.D.
  → *Los indios llevan un collar.* → *Los indios **lo** llevan.*
  → *Los indios llevan penachos.* → *Los indios **los** llevan.*
- Les pronoms ***le/les*** sont des pronoms personnels C.O.I.
  → *Los indios venden un collar al guía.* → *Los indios **le** venden un collar.*
  → *Los indios venden artesanías a los turistas.* → *Los indios **les** venden artesanías.*

3 Emploie *lo/los, le/les* comme dans les exemples précédents.

a. Los indígenas defienden sus derechos. → Los indígenas ....

b. Rigoberta Menchú recibió el Premio Nobel de la Paz en 1992.
→ ....

c. El guía habla a los turistas de las tradiciones. → ....

d. María admira el arroyo de la sierra. → ....

Mi balance

Je sais citer des pays latino-américains et donner certaines de leurs caractéristiques.

1 Donne le nom de certains pays latino-américains et au moins une de leurs caractéristiques. Tu peux t'aider des noms et des mots suivants : *México, Perú, Bolivia, Cuba, los indígenas, la salsa, los mayas, la Cordillera de los Andes…*

....

....

....

....

....

Je connais des vêtements traditionnels des indiens.

2 Retrouve les mots qui correspondent à ce que portent les indiens et les indiennes et forme une phrase avec chacun de ces mots : *el sombrero hongo, el poncho, el gorro.*

....

....

....

Je sais formuler des messages avec des complétives au subjonctif.

3 En suivant l'exemple ci-dessous, énonce ce qu'il est nécessaire de faire pour être un citoyen d'aujourd'hui qui s'implique dans la lutte contre l'exclusion : *Es necesario que respetemos a los otros.*

....

....

....

....

....

Je sais évoquer les causes des différences entre les peuples et donner des conclusions.

4 En suivant l'exemple ci-dessous, évoque les différences entre les peuples et complète les phrases : → *Por ser gitanos, tienen costumbres diferentes.*

....

....

....

....

Je sais raconter un récit historique au passé et employer l'imparfait et le passé simple.

5 Raconte au passé ce que tu sais des origines des habitants d'Amérique latine.

....

....

....

....

....

Unidad 7

Relatos de viajes

Contenu de ton CD audio-Rom – Unidad 7

N'oublie pas d'utiliser ton CD audio-Rom pour t'entraîner et progresser en espagnol !

Partie Audio

- **Piste 24** La Vía de la Plata (→ Comprensión oral, manuel p. 108)
- **Piste 25** ¿Cómo se pronuncia? (→ Comprensión oral, manuel p.108)
- **Piste 26** Tahina-Can, llegada a Perú (→ Comprensión oral, manuel p. 109)
- **Piste 27** ¿Cómo se pronuncia? (→ Expresión oral, manuel p. 114)

CD-ROM Partie Rom

Exercices autocorrectifs

- **¿Cómo se pronuncia?** La syllabe tonique
- **Lengua 1** *hace / hay* (→ manuel p. 111)
- **Lengua 2** Pronom personnel (→ manuel p. 110)
- **Lengua 3** La concession avec *aunque* (→ manuel p. 112)
- **Lengua 4** Imparfait du subjonctif (→ manuel p. 113)
- **Taller de léxico** Los viajes (→ manuel p. 119)

Dictionnaire visuel → Tema **Transportes** → planche illustrée **Medios de transporte**

Comprensión oral

Mis trucos

Je peux :

→ Avant d'écouter, regarder attentivement les illustrations, les photos, le titre et les légendes.
→ M'appuyer sur les mots connus pour déduire l'idée générale.

1 Ficha de comprensión oral — La Vía de la Plata

CD élève *piste 24 → manuel p. 108*

Primera escucha

¡Ojo! Tu dois comprendre le sujet général à la première écoute.

1 Marca con una cruz las respuestas correctas.

a. En esta excursión participan: ☐ 60 estudiantes ☐ 70 estudiantes ☐ 80 estudiantes

b. Los estudiantes están: ☐ en Cáparra ☐ en Casar de Cáceres ☐ en Mérida

c. Los estudiantes terminan el recorrido en: ☐ Cáparra ☐ Casar de Cáceres ☐ La Plata

d. En cuanto al tiempo, la reportera dice que:
☐ no ha llovido y hace calor ☐ no ha llovido y hace bastante frío
☐ ha llovido y hace bastante frío

Segunda escucha

e. La excursión pasa por la autonomía de:
☐ Galicia ☐ Extremadura ☐ Cantabria

f. Los estudiantes van a aprender valores y conocimientos como:
☐ compañerismo ☐ biología ☐ historia y geografía ☐ educación para la convivencia

Tercera escucha

g. Es recomendable hacer la excursión:
☐ a pie ☐ en bicicleta ☐ en coche ☐ en autobús

h. Su equipaje se compone de:
☐ crema solar y un chubasquero ☐ mapas y brújulas
☐ la comida del mediodía y agua ☐ vitaminas y agua

2 Ficha de comprensión oral — Tahina-Can, llegada a Perú

CD élève *piste 26* → *manuel p. 109*

Primera escucha

¡Ojo! Tu dois comprendre le sujet général à la première écoute.

1 Indica con una cruz la respuesta correcta.

a. He oído... ☐ dos voces ☐ cuatro voces ☐ ocho voces

b. Se trata de... ☐ una fiesta ☐ una clase ☐ una expedición

Segunda escucha

¡Ojo! Maintenant que tu sais de quoi il est question, tâche de comprendre les détails.

2 Marca con una cruz la respuesta correcta.

a. Los jóvenes que intervienen son:
☐ peruanos ☐ españoles ☐ mexicanos ☐ franceses

b. Viajan en:
☐ barco ☐ bici ☐ avión ☐ coche

c. El destino del viaje es:
☐ Perú ☐ España ☐ México ☐ Francia

Tercera escucha

3 Tacha los intrusos. Durante el viaje los jóvenes:

hablaban comían leían bebían dormían cantaban

4 Completa las siguientes frases.

Los jóvenes tienen ganas de llegar para ...., también .... y además ....

Mis trucos

Je peux :

→ Lire le titre : il m'informe sur le contenu du texte.
→ Observer la photo et lire la légende : elles me donnent une indication de lieu.

3 Ficha de comprensión escrita — Viaje de una inmigrante mexicana

→ *manuel p. 110*

¿Verdadero o falso? Justifica con una frase del texto.

	V	F
a. Teresa tenía muchas opciones de viaje.	☐	☐
b. El hombre dijo que en Galicia llovía poco.	☐	☐
c. Teresa organizó el viaje.	☐	☐
d. Teresa puede salir de Madrid en barco.	☐	☐
e. Teresa puede salir de Málaga en barco o en avión.	☐	☐
f. Ceuta y Melilla son dos ciudades marroquíes.	☐	☐

4 Ficha de comprensión escrita — El soroche

→ *manuel p. 111*

¿Verdadero o falso? Justifica con una frase del texto.

	V	F
a. Al principio, Arnauet habla con su abuela desde el aeropuerto de La Paz.	☐	☐
b. Para luchar contra el soroche hay que caminar y respirar rápido.	☐	☐
c. El soroche se debe a la falta de oxígeno en el aire.	☐	☐
d. El aeropuerto de La Paz está a orillas del mar.	☐	☐
e. Cuando Arnauet y sus amigos llegaron al hotel estaban muy enfermos.	☐	☐

5 **¡A jugar! Busca en el recuadro las palabras siguientes:**
selva, viaje, pasear, soroche, aventura, barco, equipaje, avión.

S	E	L	V	A	O	A	S
I	Q	L	T	E	U	V	O
A	U	V	I	A	J	E	R
R	I	U	A	V	O	N	O
N	P	D	M	I	D	T	C
B	A	R	C	O	L	U	H
E	J	I	Z	N	R	R	E
D	E	P	A	S	E	A	R

6 **Me voy de excursión a Machu Picchu.**
Cita cuatro cosas que vas a necesitar y explica por qué.

Ejemplo: Voy a necesitar una mochila para llevar mis cosas.

Voy a necesitar .... para ....

Voy a necesitar .... porque ....

Voy a necesitar .... para ....

Voy a necesitar .... porque ....

7 **Ficha de comprensión escrita** **Rumbo al Coca** → *manuel p. 112*

1 **Marca con una cruz la respuesta correcta y justifícala con una frase del texto.**

a. Viajan en: ☐ barco ☐ bici ☐ avión ☐ coche

....

b. El destino del viaje era:
☐ el río Huapuno ☐ la cordillera de los Andes ☐ la región del Coca

....

2 **Di si es verdadero o falso. Rectifica si es necesario.**

	V	F
a. Hacía buen tiempo.	☐	☐
b. El protagonista iba a ver a su abuela.	☐	☐
c. El piloto utilizó el piloto automático.	☐	☐

3 **Indica tres detalles del texto que nos permiten decir que sobrevolaron la Amazonía.**

....

....

....

4 **Cuenta el aterrizaje.**

....

....

....

8 Ficha de comprensión escrita — Un paseo a caballo

→ *manuel p. 113*

1 Marca con una cruz la respuesta correcta.

a. La escena tiene lugar en...
☐ Chile ☐ Bolivia ☐ Nicaragua

b. El destino final del viaje era...
☐ Ocotal ☐ Managua ☐ Palacagüina

c. Pero se detuvieron en el rancho del padre de Luis que estaba en...
☐ Ocotal ☐ Managua ☐ Palacagüina

2 Completa la siguiente frase basándote en el texto.

El caballo de Luis era un auténtico caballo centroamericano porque .... y además era .... En cambio, "la bestia" del narrador era ....

3 Completa las siguientes frases poniendo el verbo entre paréntesis en la persona y en el tiempo adecuados. Cuidado con la concordancia verbal.

a. Antes de llegar al rancho, Luis me propuso que (*comprar*) .... dos sombreros.

b. Cuando llegamos, Luis le pidió a su padre que me (*prestar*) .... un caballo y le insistió en que (*ser*) .... mansito para que yo no (*tener*) .... un accidente. Su padre nos aconsejó que no (*dar*) .... un paseo demasiado largo porque era un poco tarde.

c. Durante el paseo le pedí a Luis que no (*cabalgar*) .... muy deprisa para que (*poder*) .... seguirlo sin perderme. Paseamos durante tres horas y después me propuso que (*volver*) .... al rancho.

d. De regreso al rancho, su padre nos propuso que (*quedarse*) ....a dormir en su casa para descansar.

9 Busca en esta sopa de letras los elementos del paisaje que aparecen en el texto. Las palabras pueden aparecer en cualquier sentido.

A	D	I	E	C	R	E
Ñ	A	F	R	A	V	U
A	M	I	O	M	H	Q
T	U	L	Q	P	A	S
N	A	R	R	O	Y	O
O	X	E	A	Ñ	A	B
M	F	O	L	E	I	C

Evita errores

Hacer + élément temporel

« Il y a » peut être traduit de deux façons en espagnol :
- par ***hay*** quand « il y a » introduit un élément non temporel
  → *Hay una casa. Hay muchos habitantes.*
- par ***hace*** quand « il y a » introduit un élément temporel
  → *Hace tres días. Hace un siglo.*

Hay et ***hace*** sont toujours utilisés à la 3e personne du singulier. En revanche, ils peuvent être employés à différents temps et modes :
→ *Había muchos habitantes. Hacía tres días.*

1 Emploie *hace* ou *hay*.

a. .... un mes que el chico está en La Paz.
b. En Bolivia, ... muchos indios que viven allá.
c. Llamé a mi amiga .... dos días.
d. .... mucho tiempo este parador era un castillo.

L'imparfait du subjonctif

L'imparfait du subjonctif a une déclinaison en ***-ra*** et une déclinaison en ***-se***.
- Pour les verbes réguliers en *-ar*, la terminaison tient compte du « a » de l'infinitif : ***-ara/-ase***
  → *-ara, -aras, -ara, -áramos, -arais, -aran*
  → *-ase, -ases, -ase, -ásemos, -aseis, -asen*
- Pour les verbes réguliers en ***-er*** et ***-ir***, la terminaison est en ***-iera / -iese*** :
  → *-iera, -ieras, -iera, -iéramos, -ierais, -ieran*
  → *-iese, -ieses, -iese, -iésemos, -ieseis, -iesen*
- Attention au verbe *dar* qui a un passé simple en *di, diste..., dieron* et donc un imparfait du subjonctif en *diera, dieras, diera, diéramos, dierais, dieran / diese...*

2 Conjugue les verbes à l'imparfait du subjonctif.

a. El padre montaba a caballo para que su hijo .... (acompañarlo).
b. Los indios se refugiaron en los Andes para que los españoles no .... (explotarlos).
c. El tren se paró para que los viajeros .... (bajar) y .... (recorrer) el camino.
d. Se promovieron los paradores para que no .... (perderse) el patrimonio y .... (darse) a conocer.

Aunque + indicatif, *aunque* + subjonctif

- ***Aunque*** est suivi de l'indicatif lorsque l'action qu'il introduit s'inscrit dans la réalité.
  → *Después de caminar durante muchas horas, los jóvenes cantan aunque están cansados.*
- ***Aunque*** est suivi du subjonctif lorsque l'action qu'il introduit ne s'inscrit pas dans une réalité effective.
  → *Aunque no lleguen a Santiago de Compostela porque están muy cansados, los peregrinos conservan la esperanza.*

3 Emploie l'indicatif ou le subjonctif comme il se doit.

a. Aunque el viaje .... (ser) largo desde España hasta Chile, lo haremos.
b. Vamos a pie aunque .... (ser) más rápido en coche.
c. Aunque La Habana .... (estar) en Cuba, me parece conocer la ciudad.
d. Aunque Machu Picchu .... (ser) el sitio más conocido de Perú, hay otros lugares interesantes.

Mi balance

Je connais les différents moyens de transport.

1 Dis quel est le moyen de transport le plus fréquemment utilisé en ville, à la campagne, pour traverser un océan. Tu peux former deux autres phrases plus personnelles pour dire ce que tu utilises comme moyen(s) de transport.

- En la ciudad, se suele coger ....
- En el campo, se suele usar ....
- Para cruzar un océano, se suele utilizar ....

....

....

Je sais associer des moyens de transport avec des paysages caractéristiques d'Espagne et d'Amérique latine.

2 Complète les phrases avec les propositions qui suivent et conjugue à la 1re personne du singulier : *montar a caballo/ coger un barco / hacer senderismo / coger un avión.*

- Por el río Iguazú ....
- Por la pampa argentina ....
- Por el Camino de Santiago ....
- Para llegar a La Paz ....

J'ai appris ce que sont les *paradores* et je connais leur origine.

3 Donne une définition simple des *paradores* et dis ce qu'ils étaient jadis pour la plupart.

....

....

....

Je sais raconter un voyage que j'ai fait il y a quelques années.

4 Raconte un voyage que tu as fait en précisant quand tu l'as fait. Utilise *hace* et les temps du passé.

....

....

....

....

....

Je sais parler du voyage que j'aimerais faire.

5 Évoque le voyage que tu aimerais faire et dis ce que tu aimerais découvrir ainsi que les moyens de transport que tu aimerais utiliser.

....

....

....

....

....

....

idad

8

Cuentos y leyendas

Contenu de ton CD audio-Rom – Unidad 8

N'oublie pas d'utiliser ton CD audio-Rom pour t'entraîner et progresser en espagnol !

Partie Audio

- **Piste 28** La leyenda del lago Titicaca (→ Comprensión oral, manuel p. 124)
- **Piste 29** La leyenda del acueducto de Segovia (→ Comprensión oral, manuel p. 125)
- **Piste 30** ¿Cómo se pronuncia? (→ manuel p. 125)

Partie Rom

Exercices autocorrectifs

- **¿Cómo se pronuncia?** Distinguer "c" et "q" (→ manuel p. 125)
- **Lengua 1** La concordance des temps (→ manuel p. 127)
- **Lengua 2** Les pronoms relatifs *que, quien(es)* (→ manuel p. 129)
- **Lengua 3** *Cuyo(s), cuya(s)* (→ manuel p. 128)
- **Lengua 4** Les adjectifs démonstratifs (→ manuel p. 130)
- **Taller de léxico** Recuerda la leyenda... (→ manuel p. 135)

Dictionnaire visuel → Tema **El mundo** → planche illustrée **La tierra**

omprensión oral

Mis trucos

Je peux :

→ Avant d'écouter, regarder attentivement les illustrations, les photos, le titre et les légendes.
→ M'appuyer sur les mots connus pour suivre le récit.

1 Ficha de comprensión oral — La leyenda del lago Titicaca

piste 28 → manuel p. 124

¡Ojo! Tu dois comprendre le sujet général à la première écoute.

Marca con una cruz la(s) respuesta(s) correcta(s).

Primera escucha

a. Oímos las voces y los rugidos de:

☐ una niña ☐ pumas ☐ una abuela ☐ hombres ☐ un abuelo ☐ un locutor

b. La leyenda cuenta:
☐ lo que significa "Titicaca".
☐ la creación del lago Titicaca.
☐ una inundación provocada por el lago Titicaca.

Segunda escucha

c. Apu Qullana Awki les ordenó a los hombres que:
☐ no subieran a la montaña sagrada.
☐ subieran a la montaña sagrada.
☐ vivieran en el lago Titicaca.

d. Los hombres desobedecieron porque:
☐ no querían subir a la montaña sagrada.
☐ querían ser tan poderosos como dioses.
☐ mataron a los pumas.

Tercera escucha

e. En esta leyenda:
☐ los pumas devoraron a la gente.
☐ los hombres mataron a los pumas grises.
☐ las lágrimas del Sol formaron el lago Titicaca.

f. Titicaca significa:
☐ todos los pumas son grises.
☐ ahí están los pumas grises.
☐ ahí viven los pumas.

2 Ficha de comprensión oral — La leyenda del acueducto de Segovia

CD élève *piste 29 → manuel p. 125*

Primera escucha

1 ¿Quiénes están hablando y de qué?

....

....

2 Selecciona la respuesta correcta. La grabación trata de:

☐ **a.** traer de comer a la gente ☐ **b.** traerle agua a la gente ☐ **c.** hacer un puente para los coches

Segunda escucha

¡Ojo! Maintenant que tu sais de quoi il est question, tâche de repérer les éléments les plus importants.

3 Indica si las afirmaciones siguientes son verdaderas o falsas.

	V	F
a. La chica es una sirvienta.	☐	☐
b. La chica quiere ser rica.	☐	☐
c. La chica vive cerca de la fontana.	☐	☐
d. El personaje masculino es el amo (patrón) de la chica.	☐	☐
e. El personaje masculino está contento.	☐	☐
f. El personaje masculino es un ser sobrenatural.	☐	☐

Tercera escucha

4 Apunta cuatro palabras relacionadas con el mundo sobrenatural.

....

3 Imagina otro final a la leyenda: ¿Qué habría pasado si el diablo hubiera terminado el acueducto? (voir grammaire p. 134 du manuel)

....

....

....

Comprensión escrita

Mis trucos

Je peux :

➜ Répondre aux questions « qui ? », « où ? », « quand ? » pour comprendre le contexte.
➜ M'interroger sur la signification possible des chiffres et des dates pour en déduire le thème du document.

4 Ficha de comprensión escrita — El barrio del Alcázar

→ *manuel p. 126*

Elige la respuesta correcta.

a. El narrador es:
☐ un chico ☐ un señor ☐ una señora

b. El narrador vivía en:
☐ una ciudad moderna ☐ un pequeño pueblo ☐ una ciudad antigua

c. Los musulmanes rezan en:
☐ una mezquita ☐ una iglesia ☐ una sinagoga

d. La palabra de origen árabe es:
☐ castillo ☐ ciudad ☐ alcázar

5 Entre estas fechas: 711 – 1492 – 1898 – 1936 di la (o las) que conoces y lo que evoca(n).

....

....

....

....

6 Ficha de comprensión escrita — La fuente de Zulema

→ *manuel p. 127*

1 Señala con una cruz la respuesta correcta y justifica tu respuesta basándote en el documento.

La escena tuvo lugar en España en la época de:
☐ **a.** la conquista de América ☐ **b.** la ocupación romana ☐ **c.** la ocupación musulmana

....

....

2 Indica las partes de esta leyenda.

a. Presenta la situación inicial.

....

....

b. ¿Qué elemento perturbador modificó la situación inicial?

....

....

c. Di qué consecuencias tuvo para Zulema y el joven caballero:

Zulema ....

El joven caballero ....

d. Identifica y explica el elemento fantástico de la leyenda.

....

....

3 Ahora une con una flecha las frases de la columna de la izquierda con su continuación lógica en la columna de la derecha.

Los jóvenes se veían a escondidas para que •	• se casara con un cristiano
El padre no quería que su hija •	• surgiera una fuente
Para castigar a su hija ordenó que •	• no le dieran de comer
Las lágrimas de Zulema hicieron que •	• el alcaide no los viera.

4 Escoge la respuesta correcta para cada proposición y justifícala con una frase del texto.

☐ **a.** El alcaide era cariñoso y sensible.

☐ **b.** El alcaide era inhumano y cruel.

....

☐ **c.** Los jóvenes pensaban casarse.

☐ **d.** Los jóvenes pensaban romper su relación.

....

5 Busca en el texto expresiones equivalentes a:

a. Verse en secreto: ....

b. Nunca regresó: ....

c. Esperaría inútilmente: ....

7 Ficha de comprensión escrita — Quetzalcóatl

→ *manuel p. 128*

1 Señala con una cruz la respuesta correcta y justifica tu respuesta basándote en el documento. La escena tuvo lugar antes de:

☐ **a.** la conquista de América ☐ **b.** la ocupación romana ☐ **c.** la ocupación musulmana

....

....

2 Marca con una cruz la respuesta correcta.

a. Quetzalcóatl fue:

☐ un conquistador ☐ un demonio ☐ un dios

b. Quetzalcóatl pertenece a la mitología:

☐ mexicana ☐ española ☐ inca

c. Aparece representado con forma de:

☐ demonio ☐ hombre prehistórico ☐ serpiente emplumada

d. Tezcatlipoca le regaló a Quetzalcóatl:

☐ una balsa ☐ un espejo ☐ un libro

3 **¿Piensas que Tezcatlipoca era un amigo de Quetzalcóatl? Justifica tu respuesta.**

....

....

4 **Completa las frases siguientes.**

Quetzalcóatl creía que .... y al ver su rostro reflejado temió ser .... como ....

Al día siguiente .... pero prometió que ....

para...

5 **Basándote en el texto, ordena cronológicamente los siguientes acontecimientos.**

.... Descubrió su apariencia humana.

.... El año Ce Acatl

.... Creó la agricultura, las artes y los oficios.

.... Recibió un regalo.

.... Viajó hacia el levante.

8 Ficha de comprensión escrita La leyenda de Eldorado

→ *manuel p. 129*

Verdadero o falso. Justifica con el texto.

	V	F
a. La ciudad de la leyenda se llamaba Parima.	☐	☐
....		
b. En Manoa había mucho oro.	☐	☐
....		
c. Nadie pensó que la laguna de Guatavita podía ser la laguna de Parima.	☐	☐
....		
d. Los conquistadores encontraron el tesoro de Eldorado.	☐	☐
....		

9 Clasifica los nombres siguientes indicando si son reales o legendarios.

Guatavita Eldorado Chibchabs Orinoco
Amazonas Parima Manoa Gonzalo
Jiménez de Quesada

Nombres reales	Nombres legendarios

Evita errores

Cuyo(s), cuya(s) : un équivalent de « dont »

● ***Cuyo(s), cuya(s)*** s'emploient dans le cas d'un complément de nom et se trouvent de ce fait précédés et suivis d'un nom :

→ *Los tejados de la ciudad brillan.* → ***La ciudad cuyos tejados*** *brillan. (la ville dont les toits brillent.)*
(ciudad : nom ; tejados : nom)

Dans ce cas, ***cuyo*** s'accorde en genre et en nombre avec le nom qu'il précède : ***cuyos tejados***.
Remarquons que l'article, devant le nom qui suit, disparaît.

● **Attention :** Il ne faut pas confondre le « dont » encadré de substantifs avec le « dont » qui est suivi d'un verbe :

→ *El libro* ***del que*** *hablo (le livre dont je parle)* → *Hablo de un libro.*
(libro : nom ; hablo : verbe)

1 Complète les phrases par *cuyo(s)/cuya(s)* ou par *el(los)/la(las) que*.

a. Las aguas del lago son transparentes. → El lago .... aguas son transparentes.
b. El antiguo barrio de la ciudad es muy conocido. → La ciudad .... barrio es muy conocido.
c. No volvió de la guerra. → La guerra de .... no volvió.
d. El palacio de los reyes contenía oro. → Los reyes .... palacio contenía oro.

Si + subjonctif imparfait ou plus-que-parfait

Pour déterminer le mode (indicatif ou subjonctif) qui suit ***si***, il faut d'abord considérer le temps du verbe de la proposition principale. Si le verbe de la principale est au conditionnel, le verbe de la subordonnée conditionnelle introduite par ***si*** est au subjonctif imparfait ou plus-que-parfait :

→ *El padre no* ***estaría contento*** ***si*** *el joven* ***hablara*** *a su hija.*
(El padre no estaría contento : proposition principale ; si el joven hablara a su hija : proposition subordonnée)

Quand une phrase commence par ***si***, il faut donc considérer la 2e partie de la phrase qui correspond à la proposition principale :

→ ***Si desobedeciera*** *la hija, el padre* ***se irritaría***.
(Si desobedeciera la hija : proposition subordonnée ; el padre se irritaría : proposition principale)

2 Conjugue les verbes entre parenthèses comme il se doit. Attention au mode !

a. Si mi padre .... (contarme) leyendas, me gustaría mucho.
b. Si el trabajo de la chica no .... (ser) tan difícil, no pediría ayuda.
c. Si .... (poder), los dos enamorados se hablaban.
d. Sería una catástrofe si el sol no .... (aparecer).

Les adverbes

Les adverbes sont formés à partir de l'adjectif au féminin. Il faut prendre garde à la nature des adjectifs. Il n'y a que les adjectifs qui ont un masculin en ***o*** qui prennent un ***a*** au féminin :
→ *rico* → *rica* → *ricamente*
En revanche, les adjectifs qui ont une forme commune au masculin et au féminin ne rajoutent que ***-mente*** : → *general* → *general* → *general****mente***

3 Forme des adverbes avec les adjectifs proposés.

a. La chica quería .... (único) hablar con el joven.
b. Existen trucos para aprender más .... (fácil).
c. Esta leyenda es .... (particular) interesante.

Mi balance

Je connais le vocabulaire guerrier.

1 À partir des contes et des légendes découverts dans l'unité, forme des phrases avec les mots : *castigar – conquistar – la batalla – destruir – la guerra – la armadura – el casco – el escudo – el puñal – una espada*

....

....

....

....

Je sais opposer des situations, des lieux.

2 Oppose des civilisations, des lieux et continue les phrases comme dans l'exemple.

Ejemplo: Los mayas viven en Centroamérica mientras que los incas viven en la cordillera de los Andes.

Los moros vivían en Al-Ándalus ....

El lago Titicaca está en América Latina ....

....

....

Je sais former des phrases complexes.

3 En te servant des relatifs *el/la/los/las que, quien/quienes*, complète les phrases pour raconter une légende. N'oublie pas de commencer par *Érase una vez...*

....

....

....

....

....

....

Je sais décrire un être ou un lieu et apporter des éléments de comparaison pour faciliter la compréhension.

4 Décris un être ou un lieu fantastiques et utilise *como si* pour donner des éléments de comparaison.

....

....

....

....

Je sais imaginer une situation en posant une condition.

5 Imagine que tu as des pouvoirs et continue la phrase proposée en employant deux verbes au conditionnel. Sur le même modèle, imagine d'autres situations similaires.

Si yo tuviera poderes..

....

....

....

Banco de ejercicios

CD-ROM

Unidad 1

1 Conjuga los verbos entre corchetes en presente de indicativo.

a. Yo, cuando .... de vacaciones .... a la playa. [estar] [ir]

b. ¡Miguel! ¿No .... la campana del colegio? [oír]

c. Los amigos y yo .... todos los días al campo de fútbol después de clase. [ir]

d. Mi padre .... a un peruano, pero yo no .... a ninguno. [conocer] [conocer]

e. Este año .... 25 en nuestra clase. [ser]

f. Cuando estoy en la sierra, no .... ningún ruido y no .... ningún coche. [oír] [ver]

g. Los profesores nos .... el reglamento. [leer]

2 Conjuga los verbos entre corchetes en presente de indicativo.

a. Cuando estoy de vacaciones .... en el año escolar. [pensar]

b. ¡Jorge! ¿ .... un caramelo para mí? [tener]

c. Cuando llega el mes de octubre todos .... que es el otoño. [sentir]

d. Pilar .... siempre el último día de las vacaciones. [volver]

e. Vosotros, los pequeños, ... clase a las ocho y media. [tener]

f. ¿Cuándo .... tus amigos? [venir]

3 ¿Ser o estar? Utiliza el verbo que conviene.

a. Nosotros *estamos / somos* bolivianos.

b. Los alumnos *están / son* en el patio de recreo.

c. La profesora *está / es* simpática.

d. *Estáis / Sois* caminando hacia el colegio.

e. Si crees que no vas a tener lecciones *estás / eres* idiota.

f. *Estoy / Soy* preparando mis cosas para ir a clase.

4 Completa las preguntas con el interrogativo que conviene.

Dónde – Cuándo – Cómo – Quién – Por qué – Cuál

a. ¿ .... de los dos prefieres?

b. ¿............... está Lima?

c. ¿ .... se llama la profesora de inglés?

d. ¿ .... es ese señor que está con tu hermano?

e. ¿ .... vuelves a casa, a las tres o a las cinco?

f. ¿ .... no me dices cuántos años tienes?

Unidad 2

1 Conjuga los verbos entre corchetes en pretérito imperfecto.

a. Ayer Rosa y Ana .... tomando café. [estar]

b. Cuando era niña .... las vacaciones en casa de mi abuela. [pasar]

c. Ahora vivimos en un chalet, pero antes .... en un apartamento. [vivir]

d. Me parece que la semana pasada (vosotras) .... del colegio a las tres. [salir]

e. Cuando estabas sola .... al cine dos veces a la semana. [ir].

f. Hacerse la cama .... obligatorio en el campamento. [ser]

2 Utiliza la forma del adjetivo que conviene.

a. Los dos chicos están en *primera / primeros / primer* plano.

b. En Madrid hay *buenos / buenas / buen* sitios para divertirse.

c. Mi calle preferida es la *Grande / Gran / Grandes* Vía.

d. La hora punta en el metro es un mal / mala / malo momento.

e. La familia vive en la *tercer / tercero / tercera* planta.

f. En Barcelona existen *grandes / gran / grande* almacenes.

g. En el campamento los *primeras / primer / primeros* días son los más difíciles.

h. *Cualquier / Cualquiera* persona puede entrar en la discoteca.

3 Completa las frases con el pronombre que conviene.

lo – nos – me – se – os – la – te

a. Mi padre quiere mandar....... a un campamento, pero yo no quiero.

b. Cada mañana tengo que llevar....... al colegio con tu hermano.

c. Este periódico, ¿queréis leer.......?

d. Esta bebida voy a beber....... sentado en la terraza.

e. Vamos a poner....... las zapatillas de deporte y luego jugamos.

f. Tenéis que preparar....... para ir de compras.

g. Mis padres saben organizar....... para preparar las comidas.

4 Completa las frases.

a. Para ir al colegio, mi hermano y yo	tengo que ir de compras con ella.
b. Si sales cuando llueve	tenemos que coger el autobús.
c. Vuestros amigos os esperan,	tienen que esperar el metro.
d. Mi madre me llama,	tiene que pagarlo.
e. Los pasajeros	tienes que llevarte el paraguas.
f. Si Pedro invita a un refresco	tenéis que daros prisa.

Unidad 3

1 Conjuga los verbos entre corchetes en presente de indicativo o presente de subjuntivo según la frase.

a. Estoy en el puerto y .... a mis amigos. [esperar]
b. Quieren que sus padres les .... mensajes. [mandar]
c. Es posible que Chema y yo .... juntos a casa. [volver]
d. Cuando suena el teléfono lo .... yo. [coger]
e. Di a tu padre que te .... un ordenador. [comprar]
f. ¿Qué quieres que le .... mamá a tu novia? [preguntar]

2 Utiliza el posesivo que conviene.

a. *Mis / Mi / Nuestras / Sus* amiga Lucía es la más simpática de todas las que tengo.
b. Cuando usas demasiado el móvil *vuestros / mi / tus / vuestra* padres te regañan.
c. Con mi hermana ponemos todas las noticias de nuestro colegio en *nuestra / tus / sus / nuestros* página web.
d. No sé por qué se queja de *tu / mi / sus / vuestras* padres, le han comprado un móvil nuevo.
e. Los jugadores de *nuestras / nuestros / vuestro / sus* equipo llevan camiseta azul.

3 Completa las frases con el indefinido que conviene.

demasiadas – ninguno – poco – bastantes – muchos – nadie

a. Cuando no veo a .... en el salón es que están todos navegando por la red.
b. Dos minutos para explicar las reglas es muy .... tiempo.
c. Si tienes .... revistas y no sabes dónde ponerlas, dámelas.
d. Sé jugar con todos los videojuegos, mi padre no sabe jugar con ....
e. Conozco a esa chica desde hace .... años, nueve por lo menos.
f. Somos diez, no somos .... para formar un equipo de fútbol.

4 Completa las frases dando una orden o un consejo. ¡Ojo con la forma negativa!

a. Sois muy simpáticos, ... mi mal humor. [perdonar]
b. .... lo que quiera, Señor López, estamos aquí para contestarle. [preguntar]
c. Niños, ... vuestras cartas a los Reyes Magos. [escribir]
d. No te .... tanto tiempo frente al monitor, te vas a dañar los ojos. [quedar]
e. .... en tu cuarto, seguro que allí está tu móvil. [buscar]
f. Dejemos las bicicletas aquí y .... a ver si han llegado las chicas. [entrar]
g. Señora, ... esta consola de juegos que es lo que más gusta a todos los jóvenes. [comprar]
h. ¡Oye Raúl! No .... delante de la tele, ensucias el sofá. [comer]

Unidad 4

1 Escribe las palabras sin diminutivo.

a. casita: ....
b. lucecita: ....
c. mañanita: ....
d. muchachito: ....
e. camiseta: ....
f. florecita: ....
g. pueblecito: ....
h. bosquecito: ....

2 Utiliza la forma en pretérito indefinido que conviene.

a. Ayer yo *fui / fue* con mi madre a comprar flores para el jardín.

b. Dime, Javier, ¿dónde *estuviste / estuvimos* el otro día? No te encontramos.
c. Llamamos al doctor, pero no *puso / pudo* venir antes de las ocho.
d. Cuando *fuisteis / fuimos* al parque de Doñana, creo que visteis un lince, ¿no?
e. No sé lo que *hicimos / hicieron* los otros, pero yo me fui a casa.

3 ¿Nunca, nada o nadie? Pon la negación conveniente.

a. No hay que tirar basura en la playa, ...
b. De noche no veo .... en este refugio de montaña.
c. No quiero que .... tire papeles al suelo.
d. .... pesca como mi abuelo.
e. Si hay contaminación .... bebas agua del grifo.
f. Cuando hace demasiado calor, no crece ...., ni la hierba ni las flores.

4 Transforma las frases usando "ir + gerundio".

a. Desde hace un mes, mi padre y yo .... árboles. [plantar]
b. Cuando me paseo siempre .... por el camino. [cantar]
c. Para informarse de los descubrimientos, el científico .... toda la prensa. [Leer]
d. Cuando hace mucho calor los mamíferos .... agua de los ríos. [beber]
e. Si no os dejan entrar por aquí, ... hasta la otra puerta a 100 metros. [andar]
f. Cuando terminan las clases los alumnos .... del colegio. [salir]

Unidad 5

1 Conjuga los verbos entre corchetes en futuro.

a. Cuando tenga 18 años me .... en la facultad de derecho. [matricular]
b. Después del espectáculo los bailaores .... en un restaurante de Sevilla. [comer]
c. Ya verás, ... una chaqueta verde y un pantalón blanco y todo te saldrá bien. [llevar]
d. Para tu cumpleaños, tu abuela y yo te .... una guitarra. [comprar]
e. En cuanto llegue, yo .... darte lo que me pides. [poder]
f. Para visitar la Expo, vosotras .... a buscarme. [venir]

2 Emplea el presente o el imperfecto de subjuntivo según el tiempo del primer verbo. (Concordancia de tiempos)

a. Llamo por teléfono para que el director me .... [contratar]
b. Volvíamos a las doce para que nuestros padres no se .... [preocupar]
c. Era posible que los estudiantes .... clases hasta las siete. [tener]
d. Quería que el capitán me .... en su barco. [aceptar]
e. Mis compañeros me pedían que .... a Madrid a buscar trabajo. [ir]
f. Nos gusta que vosotros nos .... desde vuestra tierra lejana. [escribir]

3 ¿Pedir o preguntar? Completa las frases con el verbo que conviene.

pide – pregunta – pedir – preguntar – piden – preguntan

a. Si los periodistas te .... una foto, dásela.
b. La jefa .... que no tengamos retraso.
c. Puedes .... me más detalles sobre este trabajo.
d. El chico .... si tendrá vacaciones durante las prácticas.
e. Cuando tengáis dudas, podréis .... me consejos.
f. Mis padres siempre me .... lo que quiero hacer de mayor.

Unidad 6

1 Transforma el verbo en forma progresiva (con "estar") respetando el tiempo.
Ej.: Los turistas leen la guía. → están leyendo

a. Los indios venían hacia nosotros.
→ ....
b. La gitana le decía al guitarrista que tocara.
→ ....
c. El barco navegaba por el mar Caribe.
→ ....
d. Los inmigrantes piden la integración.
→ ....
e. El capitán mide distancias.
→ ....
f. Los indios cultivan la caña de azúcar.
→ ....

2 **¿Sino o pero? Emplea la conjunción correcta.**

a. Viven en España *sino / pero* son ecuatorianos.
b. No quiero tocar el piano *sino / pero* la gaita.
c. Hay cubanos negros *sino / pero* no todos lo son.
d. Los indios del Perú no tocan el clarinete *sino / pero* la quena.
e. La Paz no está a 4.000 metros *sino / pero* a 3.600.
f. Los indios viven en su pueblo *sino / pero* hacen las compras en la ciudad.

3 **Emplea el comparativo que te parezca más lógico.**

a. América del Sur es *más grande que / menos grande que / tan grande como* España.
b. Madrid está *más cerca de París que / menos cerca de París que / tan cerca de París como* México.
c. Los peruanos son *más latinoamericanos que / menos latinoamericanos que / tan latinoamericanos como* los chilenos.
d. El charango es *más conocido que / menos conocido que / tan conocido como* la guitarra.
e. En los Andes hay *más oxígeno que / menos oxígeno que / tanto oxígeno como* en la playa.
f. Bolivia está *más poblada que / menos poblada que / tan poblada como* Estados Unidos.

4 **Pon los verbos en presente de subjuntivo.**

a. Mi familia me pide que .... a verla. [ir]
b. No quiero que .... mi guitarrista, no sabes tocar. [ser]
c. ¡Ven! Quiero que .... en el mapa tu proyecto de viaje. [ver]
d. Pilar me suplica que le .... adónde vamos. [decir]
e. No creo que los indios de esta región .... mucho dinero. [tener]
f. Nos propone que .... nuestras maletas en la avioneta. [poner]

5 **Sopa de letras. Lee los indicios y ordena las letras para recomponer las palabras.**

a. Mezcla de razas diferentes:	JITASEMEZ	....
b. Sinónimo de "diferente":	NITOSIDT	....
c. Vivir en compañía de otros:	OVRIIVNC	....
d. Contrario de "descendientes":	AATSNODAPES	....
e. Llegada de personas para establecerse en un país:	ÓGMINAIRNIC	....
f. Contrario de "modernidad":	CÓIARIDNT	....

Unidad 7

1 **¿"Hace" o "hay"? Pon el verbo que conviene.**

a. Ya no viajo en tren desde .... tiempo.
b. A mis padres les gusta cuando .... poco que andar.
c. .... tres horas que volamos por encima de la selva.
d. A tres kilómetros .... una parada de autobuses.
e. En un siglo .... cien años.
f. Estamos navegando por el río desde .... dos días.

2 **Pon los pronombres en su sitio.**

me – te – le – la – nos – os – les – se

a. Teresa .... pidió al taxi que .... llevara al aeropuerto.
b. A mí no .... importa cruzar la selva si .... vienes conmigo.
c. Teníamos el mal de altura y .... dieron una bebida para combatir el soroche.
d. Realmente a vosotros no sé lo que .... gusta más: ir andando o en bici.
e. A los turistas .... dicen que deben poner............... en fila para entrar en el museo.

3 **¿Indicativo o subjuntivo ? Elije la forma verbal que conviene.**

a. Aunque Bogotá *es / sea* la capital de Colombia, hay otros sitios que ver en este país.
b. Aunque la selva amazónica *es / sea* la selva tropical más grande del mundo, consigue mantener un equilibrio climático.
c. Aunque posiblemente *hace / haga* frío allí arriba, la vista merece la pena.
d. Aunque México *está / esté* muy lejos de España, mucha gente se va de vacaciones allí.
e. Me iré a Argentina aunque probablemente no *es / sea* este año.
f. Aunque *llueve / llueva* mañana, saldremos de campamento.

4 **Conjuga los verbos en imperfecto de subjuntivo.**

a. No iría a Bolivia aunque las guías me .... lo bonito que es el país. [explicar]
b. Me llamó por teléfono para que le .... el viaje desde Madrid. [pagar]
c. Aunque .... la cima del Huascarán, no podríamos ver el mar. [alcanzar]
d. No querían que la gente .... por la selva amazónica. [cazar]
e. Aunque .... vacaciones, mis padres no me dejarían hacer este viaje. [tener]
f. Mis amigas temían que no nos .... cuenta de los riesgos de la expedición. [dar]

Unidad 8

1 **Conjuga los verbos entre corchetes respetando la persona. (Concordancia de tiempos)**

a. Contó la leyenda para que todo el mundo la .... [conocer]
b. Los indios esperaban que El Dorado .... [existir]
c. Si .... un poco de valor, no tendríais miedo a que los dioses os .... [tener] [castigar]
d. Deseaste que nos .... en el alcázar como si .... la corona real. [instalar] [tener]
e. En aquel tiempo, la gente esperaba que los moros .... por las calles. [desfilar]
f. En las leyendas, los héroes querían que el mago les .... un licor mágico. [dar]

2 **Emplea el relativo que conviene (que, quien, quienes, el que, la que).**

a. Son los indios .... hablaron del oro.
b. Es el lago Titicaca .... vemos en la primera foto.
c. Fue un rey azteca Moctezuma .... resistió a Cortés.
d. La estatua .... estaba arriba de la pirámide se llamaba Chacmol.
e. Lo .... me parece más importante es la historia.
f. Fue Frida Kahló .... pintó el cuadro.

3 **Escoge la buena traducción de "dont".**

a. El acueducto *del que / de la que / cuyo / cuyos* te hablo está en Segovia.
b. Los indios *de los que / de la que / cuyo / cuyas* dios se llama Inti son quechuas.
c. Los soldados *del que / de los que / cuyo / cuyas* armas eran cimitarras, eran moros.
d. La isla de Pascua *del que / de la que / cuyo / cuya* nos hablas está en el Pacífico.
e. Los mayas *del que / de los que / cuyo / cuyos* conoces la historia, vivían en Yucatán.
f. Los judíos *del que / de la que / cuyo / cuya* sinagoga estaba en mi barrio eran muchos.

4 **Pon el demostrativo en su sitio.**

~~estos~~ – ~~ese~~ – ~~esas~~ – aquel – ~~aquellas~~

a. ¿ Aquel (ese) ..... país del que me hablas no será Bolivia?
b. ¿Ves aquellas ..... montañas? Allí está el lago Titicaca.
c. Recuerdo que en ese (Aquel) ..... tiempo todos creíamos en la leyenda.
d. estos ..... libros que tengo aquí los compré ayer.
e. ¡No me digas que esas ..... joyas que llevas son auténticas!

5 **Lee los indicios y descubre las palabras.**

a. Dedicar en primera persona del futuro: D _ _ _ _ _ _ _
b. Cuando llegaron los conquistadores vieron que los indios eran de diferentes...: R _ _ _ _
c. Cereal que sirve para fabricar el pan: T _ _ _ _
d. Tipo de barco en el que navegaban los conquistadores: C _ _ _ _ _ _ _
e. Palabrotas en español o comida en México: T _ _ _ _
f. Utilizan: U _ _ _
g. Regla establecida para el culto y las ceremonias religiosas: R _ _ _
h. "... una vez", así empiezan los cuentos. É _ _ _ _
i. Lo que hace un descubridor: D _ _ _ _ _ _ _
j. Indios que vivían en México antes de la Conquista: A _ _ _ _ _ _

N° d'éditeur : 10197208 - Dépôt légal : mai 2013
Imprimé en Italie par Grafica Veneta S.p.A.